KiWi
PAPERBACK
1256

Das Buch

Wie konnte ein mittelloser Westfale König von Korsika werden? Leiden die Vandalen unter Rufmord? Warum war das Schmugglerleben im Freistaat Flaschenhals so fröhlich?

Seit 40 Jahren begeistert die tägliche Hörfunksendung ZeitZeichen Millionen Hörer. Zum Jubiläum legen die Macher ein Buch vor – eine ungewöhnliche, unterhaltsame und spannende Reise in die Vergangenheit. Sie erzählen 21 Geschichten aus 21 Jahrhunderten. Dabei geht es unter anderem um die Hexen von Paris, den Hofmohr von Wien – und um die heißeste Lovestory des Mittelalters.

Am Ende dieser rasanten Zeitreise ist eins klar: Die besten Geschichten – schreibt die Geschichte.

Der Herausgeber

Ronald Feisel, Jahrgang 1958, Studium der Journalistik und Politik, Kölner Journalistenschule, Print- und Rundfunk-Volontariat. Seit 2004 Leiter der Redaktion »Stichtag/ZeitZeichen«. Seit 1985 beim WDR als Redakteur, Reporter, Radio- und Fernsehmoderator. Seit 1988 Dozent und Coach in der Aus- und Fortbildung für den WDR, Hochschulen, Journalisten und Sportler.

40 Jahre ZeitZeichen

Ronald Feisel (Hg.)

Wie Dracula den Kopf verlor *und* Sissi die Lust

21 unerhörte Geschichten aus der Geschichte

Kiepenheuer & Witsch

MIX
Papier aus verantwortungsvollen Quellen
FSC® C083411
FSC
www.fsc.org
Verlag Kiepenheuer & Witsch, FSC®-N001512

3. Auflage 2012

Umschlaggestaltung: Barbara Thoben, Köln
Umschlagmotiv: © Sergey Yakovlev; Swetlana Wall; Johannes H., filosof – alle www.fotolia.com
Gesetzt aus der Dante
Satz: Pinkuin Satz und Datentechnik, Berlin
Druck und Bindung: CPI – Clausen & Bosse, Leck
ISBN 978-3-462-04400-3

Inhaltsverzeichnis

Vorwort

40 Jahre ZeitZeichen

Es gibt nur wenige Sendungen im deutschen Radio, die selbst schon ein Stück Geschichte sind. Das ZeitZeichen gehört dazu. Seit 40 Jahren schreibt und beschreibt diese tägliche Reihe Geschichte – im WDR, NDR und SR. Dabei bedient sie sich der Kunst, Geschichte anhand von Geschichten zu erzählen.

Die Vielfalt der Themen und Formen hat das ZeitZeichen zu einer unverwechselbaren Marke des WDR werden lassen. Dabei haben die Autoren und Redakteure immer die Zeichen der Zeit erkannt. Die Sendung hat sich in den vergangenen vier Jahrzehnten stets weiterentwickelt, ohne der Grundidee untreu zu werden. Überraschungen und zuweilen Provokationen gehören dabei zum Konzept. Das scheint aufzugehen, denn das Publikum ist inzwischen so bunt wie die Machart. Dank des Internets kommen Hörerreaktionen immer häufiger auch aus dem Ausland. Dieser großen ZeitZeichen-Gemeinde versucht die Redaktion bei der Themenauswahl und bei der Umsetzung gerecht zu werden. Mit Erfolg, wie auch die sechsstelligen Podcast-Abrufe Monat für Monat beweisen. Die Ausstrahlung am Morgen bei WDR 5 und am Nachmittag bei WDR 3 sowie der etwas kleinere »Stichtag-Bruder« auf WDR 2 und verschiedene Übernahmen in der ARD sorgen bei der täglichen Dosis »gegen das Vergessen« für diese hohe Akzeptanz. Das unterstreichen auch zahlreiche Preise und Auszeichnungen. Qualität und Quote müssen sich also in der heutigen Medienlandschaft nicht zwangsläufig ausschließen. Eben weil kein ZeitZeichen wie das andere ist, halten uns die Hörerinnen und Hörer die Treue. Denn selbst wenn Thema und Machart mal nicht Interesse und Geschmack treffen, besteht immer Hoffnung – auf den nächsten Tag und die nächste Sendung, die seit 40 Jahren bereits in der Absage angekündigt wird. Vorfreude als Stilmittel.

Ich freue mich auf viele frische, kraftvolle, nachdenkliche und unterhaltende ZeitZeichen, und da die Redaktion täglich die Qual der Wahl unter bis zu 30 Stichtag-Themen hat, werden die historischen Bodenschätze noch lange reichen – mindestens weitere 40 Jahre.

{ Wolfgang Schmitz }
(WDR-Hörfunkdirektor)

Einleitung

Am Anfang standen ein Zettelkasten, ein Redakteur und die erste getrennte Abfallsammlung der Radiogeschichte. Ende der 1960er-Jahre war Wolf Dieter Ruppel (im Sommer 2011 verstorben) Leiter der WDR-Hörfunkredaktion »Heute-Morgen«. Der Mann konnte nichts wegwerfen. In einem prähistorischen Holzkasten sammelten sich Texte über Menschen und Ereignisse, daneben Tonbänder, Audio-Kassetten, Zeitungsausschnitte und allerlei anderer journalistischer Restmüll. Dann die Erleuchtung, bereits versehen mit einer Spur Nachhaltigkeit. »Wir machen daraus eine neue Sendung«, sagte Ruppel. Sein Hörfunkdirektor Dr. Fritz Brühl unterstützte die Idee, und am 04. April 1972 war das erste ZeitZeichen zu hören. Es hatte mit der heutigen Form nur die Länge von 15 Minuten gemein.

Die ersten Ausgaben waren eine Art Stoffsammlung zum jeweiligen Datum, mit bis zu neun verschiedenen Themen in einer Sendung. Unkommentiert nebeneinander standen im ersten ZeitZeichen unter anderem die Belagerung Leningrads 1942, eine gesellschaftspolitische Rede der FDP-Politikerin Hildegard Hamm-Brücher aus dem Jahr 1967 und ein Chemieunglück in Walsum am 04. April 1952. Autorin war Christine Lemmen, die am Anfang noch nicht selbst ans Mikrofon durfte. Das änderte sich, als die Redaktion nach wenigen Wochen den Charme einer monothematischen Sendung erkannte. Geblieben sind darüber hinaus zwei weitere Konstanten: Die Fünfjahressprünge bei der Auswahl der Stichtage und der Schweizer Autor Hans Conrad Zander. Wahrscheinlich hat der ehemalige Mönch einen guten Draht nach oben. Seit 1978 dabei ist Jutta Duhm-Heitzmann, die unvergleichbar fesselnd Geschichte(n) erzählen kann.

Andere große Namen des Radios kamen und gingen, wie Helga Märthesheimer, Marianne Lienau, Klaus-Jürgen Haller, Heinrich Vormweg, Walter Filz oder Karl-Heinz Wocker. Letzterer wäre 1984 beinahe über das »Bla-Bla« eines Theodor W. Adornos gestolpert. Denn dieses ZeitZeichen wurde heftig kritisiert, auch von der Frankfurter Rundschau, die die »Polemik in ihrer Wüstheit erschreckend« fand.

Damals war der Journalismus noch streitsüchtig und politisch. Allerdings nicht immer, denn das beliebteste ZeitZeichen aller Zeiten waren die ebenso humorvollen wie widerlichen Innenansichten von Ludwig XIV. Und das ist wörtlich gemeint, betrifft es doch im Wesentlichen die Mundhöhle des Sonnenkönigs und die vielen faulen Kompromisse, die seine Leibärzte bei allerlei Zahn- und Kieferbehandlungen machten. »Der König stinkt« von Hans Conrad Zander ist und bleibt ein Dauerbrenner und wurde nach der letzten Wiederholung im Jahr 2007 tausendfach heruntergeladen.

Bis zum Jahr 1997 lief das ZeitZeichen auf WDR 2. Dann wechselte es auf die Wellen 3 und 5. Denn zum 25. Geburtstag brachte die Sendung ein Kind zur Welt: den WDR 2 Stichtag. Das beste Erbgut von der Mama, aber wie bei

Kindern nun mal üblich mit gut vier Minuten etwas kürzer geraten und etwas frecher. Kurz nach der »Einschulung« im Jahr 2004 gab es dann eine Familienzusammenführung der Formate in Dortmund. Seitdem werden beide Geschichtssendungen des WDR von einer Redaktion betreut. Mutter und Kind lernen voneinander, und das tut beiden gut.

Themen

Die Themenauswahl und die -komposition sind Monat für Monat eine Art Grundlagenforschung. Neben Vorschlägen von Hörern und Autoren greift die Redaktion überwiegend auf große Datenbänke zurück, wie die »ARD-Zeitlupe«, die über 250 000 Einträge verfügt. Vor dem Hintergrund der Fünfjahressprünge (heute vor fünf oder zehn oder 25 oder 500 Jahren) kommen formal etwa 60 bis 80 Geburtstage, Todestage und Ereignisse pro Tag infrage.

Nach einer Vorauswahl auf rund 30 wird dann entschieden, ob sich das Thema für das Radio eignet. Der Politiker geht besser als der Pantomime, der Komponist besser als der Maler. Wurde das Thema schon mal behandelt? Passt das Thema zum Sendetag? Nationalsozialismus am Rosenmontag wird – wenn möglich – ebenso vermieden wie die Geschichte der Gummibärchen am Karfreitag. Am Ende ist es dann gerade die Mischung der historischen Ereignisse und Personen, die den Reiz von Stichtag und ZeitZeichen ausmacht. Heute Mittelalter, morgen Zeitgeschichte, übermorgen Antike. Heute die Pest, morgen der Fall der Mauer und übermorgen Cicero. Politik, Wirtschaft, Kultur, Sport und Alltagsgeschichte.

Neben den ganz großen »Pflicht-Stichtagen« (z.B.: 450. Todestag Martin Luther, 250. Geburtstag Goethe, 20 Jahre

Wiedervereinigung) nehmen wir auch gern die Geschichte hinter der Geschichte, spannende Biografien historischer Randfiguren oder weitgehend unbekannte Zufälle und kuriose Fußnoten der Geschichte mit auf.

In vielen Fällen (etwa 60 Prozent) sind die Themen eines Tages gleichermaßen für WDR 2, WDR 3 und WDR 5 interessant. Ist dies nicht möglich, oder bietet sich gerade ein spezielles Thema für WDR 2, WDR 3 oder WDR 5 an, bekommen Stichtag und ZeitZeichen unterschiedliche Themen mit unterschiedlichen Autoren. Dabei versucht die Redaktion auf die Philosophie und das Selbstverständnis der verschiedenen Wellen Rücksicht zu nehmen. Beispielsweise wird für WDR 3 gezielt nach Themen aus der Kultur – besonders aus der Musik – gesucht.

Regionale Themen haben nur selten eine Chance, da der Saarländische und der Norddeutsche Rundfunk das ZeitZeichen komplett, andere ARD-Anstalten den Stichtag punktuell übernehmen.

Machart

Ein überzeugender Plot soll die Themen transportieren, die Beiträge müssen also formal und inhaltlich auf hohem Niveau stehen. Sie sollen informieren, können bilden und dürfen unterhalten. Ansonsten ist erlaubt, was den Autoren gefällt und die Redaktion verantworten kann.

Neben dem aufwendigen »Gebauten Beitrag« sind alle Darstellungs- und Stilformen erlaubt, von der reinen O-Ton-Collage über die Reportage bis hin zum Mini-Hörspiel. Dabei werden häufig Schauspieler für Sprech- und Spielszenen eingesetzt.

Die Kunst des Gewichtens ohne zu verfälschen findet

sich im Aufbau und im Text der Beiträge wieder. Die Autoren sollen erzählen statt dozieren, dokumentieren statt kommentieren und sortieren statt überladen. Eine einfache, je nach Thema auch witzige, hier und da provokante Sprache soll Spaß am Zuhören machen. Oft will und kann besonders der kürzere WDR 2 Stichtag nur Anstoß für die Hörer sein, sich weiter mit dem Thema zu beschäftigen.

Es bedarf deshalb radiofoner Formen, um die Inhalte hörbar, verstehbar und begreifbar zu machen. Die Autoren berücksichtigen immer den neuesten Stand der Geschichtsforschung und schlagen auch häufig den Bogen von der Vergangenheit zur Gegenwart. So wird aus dem Rückblick häufig ein Einblick; mal anregend, mal aufregend, mal klassisch, mal komisch.

»Geschichtszeit«

Damit die älteste und bekannteste Geschichts-Reihe im deutschen Radio immer schön auf dem Teppich bleibt, gibt es eine »Überwachungskamera« des Publikums: die Veranstaltungsreihe »Geschichtszeit«, die die Redaktion Schulklassen, Universitäten, Lehrerfachseminaren und anderen interessierten Gruppen kostenlos anbietet.

Seit 2001 wird Geschichte in diesen zweistündigen Workshops lebendig. 40 Veranstaltungen jährlich beim WDR in Köln oder Dortmund, auf Wunsch aber auch in den Schulen und Hochschulen bringen vor allem junge Leute mit dem Langzeitgedächtnis des Radios in Kontakt. Beide Seiten profitieren davon, wenn nur die Hälfte eines Geschichte-Leistungskurses noch Willy Brandt kennt oder ein Grundschüler einen sachlichen Fehler im Stichtag über den ersten Gameboy findet.

Geht es bei den Schulklassen oft um die hör- und erlebbare Vor- oder Nachbereitung des gegenwärtigen Geschichtsunterrichts, möchten die Lehrer gern mehr über Didaktik und Machart der Stichtage und ZeitZeichen erfahren. Denn sehr häufig werden die im Netz stehenden Beiträge von Lehrern im Unterricht eingesetzt, weil die Stücke nicht dozieren und belehren, sondern zur Diskussion anregen.

Dabei müssen alle Fans einmal im Jahr ganz tapfer sein. Die Aprilscherze der Redaktion sind legendär und haben schon hohe Wetten ausgelöst und Ehen gefährdet. Dass Sächsisch einmal Pflichtfach an DDR-Schulen, Martin Luther der Urvater des Halloween-Festes oder Hannibal der Gründer von Bayern war, haben mehr Menschen geglaubt, als sie zugeben würden.

Ein anderes Phänomen der Sendereihe ist die Suche nach dem besonderen Ansatz: Aus einer Not wurde eine Tugend gemacht. Während andere Medien einen Gedenktag gern weit vor dem eigentlichen Datum feiern, muss eine Sendung mit dem Untertitel »Stichtag heute« sich und dem Datum treu bleiben. Um nicht einen fahlen Aufguss gegenüber Zeitungen und Fernsehen zu liefern, suchen wir den möglichst unbekannten Randaspekt eines großen Themas oder entscheiden uns im Zweifel für einen anderen Stichtag. Das irritiert manchmal, überzeugt aber immer häufiger.

»Der Titel der Sendung hat mich erst gar nicht angemacht, dann bin ich aber drangeblieben und habe es nicht bereut«, schreibt uns fast jede Woche unsere ebenso treue wie kritische Kundschaft.

Genau diese Redaktionsphilosophie liegt der Auswahl der 21 Kapitel aus 21 Jahrhunderten zugrunde, mit Schwerpunkt auf dem zweiten Jahrtausend. Alle Themen waren mindestens am Rande Gegenstand eines Stichtags und ZeitZeichens, viele haben eines gemeinsam: Sie behandeln oft unbekannte Personen wie Theodor aus Pungelscheid oder den Hofmohr Soliman, Besonderheiten wie den Freistaat Flaschenhals oder Calmeyers Listen. Daneben geht es um weniger bekannte Details aus dem Leben historischer Personen wie Sissis »Schattenfrau« Katharina Schratt oder den Juwelenfimmel Augusts des Starken. Eine Reportage versucht, die letzten Geheimnisse um den Tod des Malers Vincent van Gogh zu lüften, eine andere begibt sich auf die Spuren von Dracula in Rumänien. Im letzten Kapitel sind wir unserer Zeit sogar schon ein wenig voraus.

Die Lektüre der in sich abgeschlossenen Geschichten aus Politik, Wirtschaft, Wissenschaft, Kultur und Sport – mal ernst, mal heiter, mal schaurig, mal skurril – dauert etwa so lang wie die Sendung selbst. Eine Viertelstunde: So viel Zeit (-Zeichen) muss sein.

Viele historische Aha-Erlebnisse und viel Vergnügen beim Lesen wünscht Ihnen

{Ronald Feisel}
(Leiter der Redaktion »Stichtag/ZeitZeichen«)

1.

12 n. Chr.: Einspruch, Euer Ehren

Caligula nur bedingt schuldfähig

Ein Sadist soll er gewesen sein, der römische Kaiser Caligula, ein Ungeheuer, ein Henker. Krank im Kopf, richtig pervers. Praktisch ein Irrer! Frauen hat er geschändet, Senatoren verstümmelt, und als sein Volk hungerte, verschloss er die Getreidespeicher. Die Staatsfinanzen wollte er mithilfe eines Bordells sanieren, das er in seinem Palast eröffnete. Wahllos schlachtete er den Adel ab und zwang die Väter dazu, der Hinrichtung ihrer Söhne beizuwohnen. Als einer sich wegen Krankheit entschuldigen ließ, schickte Caligula ihm eigens eine Sänfte.

Er hat eine breite blutige Spur im Römischen Reich hinterlassen, obwohl er nur vier Jahre regierte, von 37 bis 41 nach Christus. 2000 Jahre lang haben ihn die Historiker verurteilt. Denn wer, bitte schön, würde auf die absurde Idee kommen, sein Pferd zum Konsul zu ernennen? Caligula. Ein Name, bis in alle Ewigkeit beschmutzt und entehrt.

Doch plötzlich meldet sich jemand zu Wort und behauptet, man müsse Caligulas Handlungen völlig neu interpretieren. Sich ernsthaft in seine Lage versetzen und die Quellen anders als bisher befragen. Dann könne man gar nicht anders, als zu verstehen, was den Kaiser wirklich umgetrieben habe. Ich frage mich, ob Caligula ein Recht darauf hat? Hat er sich denn in seine Opfer hineinversetzt? Hat er die Tränen gesehen, die Schreie des Leidens gehört? Aber gut, lassen wir uns auf ein Wiederaufnahmeverfahren ein.

Geboren wurde er am 31. August im Jahr 12 nach Christus. Sein Vater war der siegreiche Feldherr Germanicus, seine Mutter hieß Agrippina die Ältere. Caligulas richtiger Name lautete Gaius Iulius Caesar. Klingt eigentlich ganz hübsch, aber bleiben wir bei Caligula, was so viel heißt wie »Soldatenstiefelchen«, auch wenn er diesen Spitznamen erst nach seinem Tod erhielt.

Seine Kindheit muss ein einziges Fest gewesen sein. Jubel, wo immer die Familie auftauchte. Begeisterte Gesichter, Hochrufe, Festgelage und wertvolle Geschenke. Darunter für den kleinen Kerl die allerliebsten kleinen Soldatenstiefel. Es war eine glückliche Zeit, aber sie endete auf grausame Weise: Sein Vater wurde vergiftet. Da war Caligula erst sieben Jahre alt. Ein Schock war das schon, das ist sicher. Doch bringt das schon mildernde Umstände?

Von diesem Moment an veränderte sich Caligulas Leben. Jetzt hieß es aufpassen und überleben. Rom war ein fauliger Sumpf, in dem man rasch untergehen konnte. Intrigen und Verschwörungen an jeder Ecke.

Kaiser Tiberius hatte sich auf Capri verschanzt, weil er das Leben in Rom hasste. Zu viele warteten nur auf seinen Tod, und wer hätte das besser gewusst als Caligula, denn er selbst war einer von denen, die warteten. Es konnte gar nicht anders sein, denn Tiberius hatte Caligulas Mutter und die Brüder in die Verbannung geschickt. Plötzlich war er ganz auf sich gestellt, nur die Schwestern waren ihm geblieben. Eine von ihnen, Drusilla, hatte der junge Caligula besonders lieb. Die Historiker sprechen von Inzest, und damit beginnt die lange Liste der Klagen. Caligulas neuer Verteidiger jedoch behauptet, die Geschichte vom Inzest sei eine gezielte Fehlinformation. Und er erklärt es so:

Sueton war der Erste, der den Inzest erwähnte, doch er verfasste seine Biografie erst 100 Jahre nach Caligulas Tod, kannte ihn also gar nicht aus eigenem Erleben. Seneca und Philo hingegen waren Zeitgenossen Caligulas, beide bestens über alle seine Taten informiert, und sie ließen auch kein gutes Haar an ihm. Eine Skandalgeschichte wie Geschwisterliebe hätten sie sich niemals entgehen lassen, doch bei ihnen lesen wir kein einziges Wort davon.

So betrachtet, klingt die Geschichte vom Inzest tatsächlich unglaubwürdig. Seltsam, dass das bisher noch niemandem aufgefallen ist. Wer hat sich da überhaupt zu Caligulas Verteidigung aufgeschwungen? Ein Althistoriker aus Berlin, Professor Aloys Winterling. Akribisch hat er alle Quellen zusammengetragen, neu bewertet und ein Buch darüber geschrieben. Jetzt will er ins Wanken bringen, was seit Jahrhunderten felsenfest als Wahrheit gilt. Und zuerst müssen wir wohl den Inzest von der Liste streichen.

Sueton warf Caligula noch viele andere Dinge vor, zum Beispiel die Lust an sexuellen Ausschweifungen und Folterungen. Dieselben Vorwürfe machte er allerdings fast wortwörtlich auch anderen Kaisern, was seine Behauptungen fragwürdig erscheinen lässt. Außerdem, so fügt Professor Winterling hinzu, ließ Sueton – der ja die Hauptquelle für Caligulas Bösartigkeit ist – konsequent jedes Entlastungsmaterial weg, was sein Verhalten der Nachwelt hätte erklären können. Stattdessen wollte er den Kaiser als wirren, perversen Geist schildern. Suetons Ausführungen sollten demnach mit großer Vorsicht genossen werden.

Der alte Kaiser Tiberius befahl eines Tages, Caligula solle bei ihm auf Capri leben. Das brachte den 18-Jährigen in die Klemme, er war gefährdet und bedroht wie nie zuvor. Nichts als Gewalt und Angst erfuhr Caligula auf Capri. In seiner Umgebung wurden täglich Adlige in Majestätsprozessen angeklagt und hingerichtet. Auch Caligulas Mutter und seine Brüder zwang man zum Selbstmord oder tötete sie. Tacitus berichtete, Caligula habe sich aber keine Trauer oder Angst anmerken lassen: »Seinen grausamen Charakter verbarg er hinter einer heuchlerischen Bescheidenheit und gab nicht bei der Verurteilung der Mutter, nicht beim Sturz der Brüder einen Ton von sich.« War das nicht schon Beweis für Caligulas Schlechtigkeit? Wieder mischt sich der Berliner Biograf ein: Caligula habe überleben wollen, gibt er zu bedenken. Kritik an Tiberius hätte jedoch den sicheren Tod bedeutet, und darum habe er geschwiegen.

Nachdem Tiberius gestorben war, kehrte Caligula zurück nach Rom und wurde sein Nachfolger. Mit 24 Jahren war er der jüngste Kaiser, der bis dahin jemals den Thron bestiegen hatte. Die Römer hofften auf eine glückliche Zeit unter seiner Regierung. Und Caligula? Worauf hat er gehofft? Er wusste doch, wie gefährlich und verlogen das Leben in Rom war, dass ein Kaiser keine Moral, sondern List brauchte, um an der Macht zu bleiben und zu überleben. Caligula war nach Augustus und Tiberius erst der dritte römische Kaiser, aber das System war schon marode, bevor er an die Regierung kam, das muss man ihm zugestehen.

Anfangs sah alles noch ganz gut aus. Er ließ die Gefangenen frei und befahl die öffentliche Verbrennung von alten Prozessakten. Zog einen Schlussstrich unter die Jahre der Gewalt und Verfolgung. Verschenkte Geld und erhöhte den Sold für Legionäre und Leibwächter. Das Volk atmete auf, genoss Feste und Zirkusspiele, und niemand hatte mehr Spaß daran als der Kaiser selbst. Gleichzeitig blieb er bescheiden, wollte nicht, dass Statuen mit seinem Abbild aufgestellt würden. Als neuer Augustus war er zu Beginn seiner Regierungszeit eigentlich perfekt.

Dann wurde er krank und schwebte zwischen Leben und Tod. Woran genau er litt, weiß bis heute niemand. Beunruhigt strömte das Volk zum Palast und betete tagelang für seinen geliebten Herrscher.

Caligulas Ratgeber Macro und Silanus begannen schon damit, die Zeit nach seinem Tod zu organisieren. Sie riefen den Vetter Tiberius Gemellus zu sich und bereiteten ihn für das Amt des Kaisers vor. Als Caligula davon erfuhr, raste er vor Wut. Noch war er ja am Leben. Und er glaubte fest daran, gesund zu werden und einen leiblichen Sohn zeugen zu können. Doch was wäre das Leben seines Kindes wert gewesen, wenn es schon einen designierten Nachfolger gegeben hätte? Man kann Caligulas Wut verstehen, niemand möchte dabei zuschauen, wie die Zeit nach dem eigenen Tod geplant wird. Vom Krankenbett aus bestimmte er seine Schwester Drusilla zur Erbin. Und kaum konnte er wieder aufstehen und die Dinge selbst in die Hand nehmen, da vernichtete er die Konkurrenten: Tiberius Gemellus wurde auf Caligulas Befehl in den Tod getrieben und seine beiden untreuen Ratgeber gleich mit. »Selbsterhaltung ist das, nicht Mord«, kommentierten sogar die dem Kaiser nicht wohlgesinnten Zeitgenossen diesen Rachezug. Nur einer konnte überleben, Caligula oder sein Gegner. Dagegen lässt sich wohl nichts sagen.

Dann schnell zum nächsten Vorwurf: Wie unerhört hat Caligula den Adel vor den Kopf gestoßen! Ihn gedemütigt und lächerlich gemacht! Schon lange standen die Aristokraten in einem absurden Luxuswettstreit miteinander. Wer lädt zum prächtigsten Gelage ein, wessen Frau trägt den teuersten Schmuck? Und was tat Caligula? Baute die größten Paläste, kaufte Schiffe mit ganzen Obstwiesen und Weinbergen darauf und behängte seine Frau Lollia mit Juwelen im Wert von Millionen Sesterzen! Begriff der Kaiser denn nicht, dass er den Adligen dadurch den ganzen Spaß verdarb? Genau das war sein Ziel, sagt der Verteidiger.

Aber dann, wie unpassend war doch sein Verhalten in der Öffentlichkeit: Im Zirkus fieberte er mit den Kämpfenden, trainierte mit den Gladiatoren. Im Theater klatschte, jubelte, sang und schimpfte er. Und selbst sein Verteidiger aus Berlin muss zugeben, dass es vor Caligula noch nie so einen jungen, verschwenderischen, zirkusbegeisterten Kaiser in Rom gegeben hatte.

Im Juni 38 starb Drusilla, die Lieblingsschwester. Seneca hatte recht, als er sagte: So, wie Caligula sich nicht kaiserlich freuen konnte, so war er auch zu einer kaiserlich würdevollen Trauer nicht fähig. Rasierte sich nicht mehr, weinte, ließ sich untröstlich durchs Land fahren und erklärte Drusilla in seinem Schmerz zur Göttin. Manche Historiker glauben, Caligula habe durch ihren Tod einen seelischen Knacks erlitten. Das klingt so unwahrscheinlich nicht. Doch es scheint da noch eine andere Deutungsmöglichkeit zu geben:

Musste Caligula Drusilla vielleicht deshalb zur Göttin erhöhen, weil er sie zuvor zu seiner Erbin erklärt hatte? War das die Logik des Kaisers? Mag sein, doch Caligulas

Logik ist 2000 Jahre später nicht mehr so leicht nachzuvollziehen.

»In den ersten beiden Jahren führte Caligula die Regierungsgeschäfte äußerst hochherzig und erwarb sich durch seine Mäßigung großes Wohlwollen seitens der Römer und der Untertanen«, schreibt der Geschichtsschreiber Flavius Josephus, der 15 Jahre jünger war als Caligula. Aber was passierte dann? Was war es, das zu seinem Sturz führte?

»Die Stunde der Wahrheit« war der Anfang vom Ende. Caligula hielt eine Rede im Senat und sprach als Erster Dinge aus, die nie zuvor an diesem Ort laut gesagt worden waren. Stück für Stück entlarvte Caligula das Verhalten der Senatoren als Heuchelei, Verstellung und Lüge. Er deckte auf, wie sie sich unter Tiberius gegenseitig denunziert hatten, um andere in den Tod zu treiben und selbst Nutzen daraus zu ziehen. Das Ungeheuerliche aber, so sein Anwalt Professor Winterling, steckte nicht in dem, was Caligula sagte, sondern darin, dass er es sagte. Das verzieh die Aristokratie ihm ebenso wenig wie den Luxus, mit dem er sie gedemütigt hatte. Fortan gab es keinen Tag mehr, an dem ihm nicht jemand nach dem Leben getrachtet hätte. Dreimal verschworen sie sich gegen den Kaiser. Er hatte keine Freunde, keine Vertrauten, keine Unterstützer. Die Senatoren wollten ihn loswerden und spannten dazu die Geschichtsschreiber vor ihren Karren. Kein Verdacht war ihnen zu abscheulich, die schrecklichsten Dinge wurden ihm unterstellt. Doch halt, da ist noch die Geschichte mit dem Pferd. Auch sie nur eine Erfindung?

Nein, diese Anekdote ist verbürgt. Was hat er sich bloß dabei gedacht, anzukündigen, er würde sein Lieblingspferd Incitatus zum Konsul ernennen? Warum hat er dem Gaul noch Haus und Personal geschenkt, damit in seinem Namen Gäste bewirtet werden konnten? Was, um Himmels willen, ist in den Kaiser gefahren?

Wie denn, ein Witz sollte das sein? Er wollte die Konsuln lächerlich machen, ihnen seine Macht beweisen, weil er jeden zum Konsul machen konnte, selbst ein Pferd? Doch nicht jeder in Rom wusste diesen Witz zu schätzen. Der ging nach hinten los. Statt sich dem Kaiser zu unterwerfen, beschimpften sie ihn als wahnsinnig. Auch wenn inzwischen klar sein dürfte, dass Caligula nicht wahnsinnig war. Der Senat hätte ja einen geisteskranken Kaiser beseitigen und aus dem Amt entfernen müssen. Aber es hielt ihn damals eben niemand wirklich für wahnsinnig. Man wollte nur, dass es so aussah. Klingt glaubwürdig.

Zur dritten großen Verschwörung kam es im Jahr 39. Diesmal waren sogar die Schwestern an den Plänen für die Ermordung Caligulas beteiligt. Er musste sich wehren, die Schuldigen rasch und ohne Skrupel töten, das erscheint jetzt klar. Aber die antiken Historiker, die sein Verhalten verurteilten, haben die Verschwörung verschwiegen. So erschienen alle seine Gegenmaßnahmen sinnlos, brutal und unmotiviert.

Und wie war das jetzt eigentlich mit dem Bordell in seinem Palast, von dem Sueton berichtet? Aus Geldmangel soll Caligula auf dem Palatin ein neues Gebäude errichtet haben, darin luxuriöse Gemächer, in denen vornehme römische Damen und Knaben zur Prostitution gezwungen wurden. Auch hier erhebt sein Verteidiger Einspruch. Es handelte sich um eine Art Kidnapping, sagt er. Die vornehmen Römer beteuerten, sie wären überaus gerne in Caligulas Nähe und wünschten sich nichts sehnlicher als seine Freundschaft. Das war gelogen, wie jeder wusste. Also erteilte der Kaiser den edelsten Senatoren die Erlaubnis, mit ihren Frauen und Kindern auf dem Palatin zu wohnen. Sie hätten sich dafür sogar durch Geldgeschenke dankbar zeigen »dürfen«. Damit hat Caligula die Familienmitglieder der führenden Senatorenschicht faktisch als Geiseln auf dem Palatin unter die Bewachung der Prätorianergarde, seiner Leibwache, gestellt und sie zur Zahlung von Gold und Silber gezwungen. Das war seine Art der Notwehr gegen den dritten Mordversuch.

Für die Senatoren muss es schockierend gewesen sein, dass ein Kaiser ihre Schmeicheleien wörtlich nahm, um sie vorzuführen wie die Tanzbären und ein böses Spiel mit ihnen zu treiben. Einem Schmeichler, der Caligula sagte, er wolle sein Leben gerne hingeben für ihn, hat er töten lassen. Das macht ihn nicht sympathisch, ganz gewiss nicht. Aber es verändert das Bild von Caligula. Aus dem Monster wird bei näherer Betrachtung ein verzweifelter Zyniker, der keine Freundschaft, keine Nähe und kein Vertrauen mehr fand. Und sicher war er nicht überrascht, als er am 24. Januar 41 auf dem Weg ins Theater plötzlich den Meuchelmördern gegenüberstand. Es waren Mitglieder der Prätorianergarde, seine ganz persönlichen Leibwächter, von Adligen bestochen. Er kannte sie alle.

Genug. Wer will Caligula jetzt noch in die Hölle schicken? Ich nicht. In der Hölle war er bereits. Knapp vier Jahre lang als römischer Kaiser. Meinetwegen kann er ruhen. Frieden wird er ohnehin nicht finden – mit einem Freispruch zweiter Klasse.

{Maren Gottschalk}

2.

455 n. Chr.: Üble Nachrede

Vandalen waren besser als ihr Ruf

Namen sind nicht immer Schall und Rauch. Die Goten zum Beispiel haben bis heute einen guten Nachklang, denn nach ihnen ist eine Bauepoche benannt. Genauso die Franken; ihr Reich ist berühmt für feine Mode, teuren Wein und selbstbewusste Frauen. Anders dagegen die Vandalen: Wer Wände beschmiert oder Scheiben einwirft, Mülleimer ansteckt oder Autos verbeult, der »wütet wie ein Vandale«. Was müssen das für hirnlose Dumpfbacken gewesen sein. Oder?

Die Vandalen kommen! Am 2. Juni 455 bricht in Rom Panik aus. Vandalen-König Geiserich ist mit seinen schnellen Schiffen an der Küste der Ewigen Stadt gelandet, bald schon stürmen sie durch die Tore, die germanischen Hünen mit ihren langen Haaren und Bärten, zweischneidigen Schwertern und komisch runden Schilden. Ist das der Untergang Roms?

Doch was in den kommenden zwei Wochen geschieht, hat mit Vandalismus nichts zu tun. Die Angreifer schlagen nicht alles sinnlos kaputt, sondern zeigen ein feines Gespür für Kunst und Kommerz. Ihr König Geiserich schickt Spürkommandos mit Lastkarren durch die Straßen; seine disziplinierten Untertanen durchsuchen die Prachtvillen und nehmen nur die wertvollsten Dinge mit, Schmuck und Gold, alles, was auf die Schiffe passt und Wert hat. Geiseln gehören auch dazu. Später wird man Lösegeld für die vornehmen Römer erpressen oder sie, falls die Angehörigen knausern, als Sklaven verkaufen. Die Vandalen benehmen sich nicht wie eine Horde tumber Toren, sondern wie kluge Diebe. Sie legen in Rom weder Feuer noch randalieren sie.

Wie konnte ausgerechnet dieses Volk einen dermaßen schlechten Ruf in der Weltgeschichte hinterlassen? Tatsächlich handelt es sich um Rufmord. Die Vandalen machten den historischen Fehler, dass sie zu wenig aufschrieben. Alles, was über sie notiert wurde und erhalten blieb, stammt von ihren Feinden: der katholischen Kirche und den Römern. Einer davon war Prokop, ein oströmischer Geschichtsschreiber. In seinem Report über die germanischen »Barbaren« beginnt er eher harmlos nüchtern: »Alle haben sie eine weiße Hautfarbe, blonde Haare, sind groß von Gestalt und schön von Gesicht. Von alters her saßen sie jenseits der Donau.«

Als Barbar galt jeder, der nicht römisch-griechisch gebildet war. Laut Prokop sahen die Angehörigen der barbarischen Stämme aus dem Osten Europas alle gleich aus: Ostgoten, Vandalen, Westgoten. »Kein Wunder«, erklärt Harald Siebenmorgen, Direktor des badischen Landesmuseums in Karlsruhe und ausgewiesener Vandalen-Experte: »Wir sprechen heute eher von wandernden Volksgruppen, die sich mal mehr, mal weniger zu größeren Menscheneinheiten zusammenschlossen und dann im Laufe der Zeit auch irgendwo eine Art Stammesnamen erhielten.« Die

Franken zum Beispiel waren ein Verband der unterschiedlichsten Völker und Sippen. Frank, das Wort bedeutet kühn oder frei. Der Stammesverbund der Sachsen wiederum kam durch seine Waffe zum gemeinsamen Namen, den Sax, ein robustes Langmesser, mit dem Sachsen auf ihre Feinde einstachen.

Vandalen, der Begriff steht für »schnell, beweglich«. Ein Name, der passt, denn kein anderer Stamm der Völkerwanderungszeit kam so weit wie dieser kleine Verband. Die Vandalen starteten weit im Osten, in etwa dort, wo heute Südpolen, Ungarn und Rumänien liegen. Ab dem Jahr 400 n. Chr. zog ein kunterbunter Haufen Richtung Westen, eine Multikulti-Truppe. Harald Siebenmorgen: »Zu den Vandalen haben auch Schweden gehört, auch Alanen und weitere Völker mit anderen Namen; man hat sich geteilt, man hat sich wieder zusammengetan.«

Die Alanen waren ein kaukasischer Reiterstamm. Solch eine Kavallerie konnten die Vandalen gut gebrauchen und verbündeten sich bis zum Untergang mit ihnen. Warum die ganzen Völker überhaupt loszogen, bleibt bis heute ein Rätsel. Von Osten her drängten sicherlich die Hunnen, aber es gibt auch die These, dass im Westen ein Platz an der Sonne lockte: das reiche, römische Imperium. Eine schwächelnde Supermacht, ein Land, in dem Milch und Honig flossen. Wohl dem Volk, das römischer Föderat, also Bundesgenosse werden konnte. »Damit waren die großen, existenziellen Sorgen des Lebens bei vielen dieser Völker zu beheben«, so Vandalen-Experte Siebenmorgen. Rom hingegen wollte all die Barbaren-Völker ganz pragmatisch auf Distanz halten. Man siedelte sie notgedrungen an den Rändern der Provinzen an – und konnte sie geschickt gegeneinander ausspielen.

Die Vandalen wollen im Jahr 406 allerdings weiter nach Westen ins Imperium hinein, dorthin, wo noch keine anderen Germanen sind, nach Gallien und weiter nach Spanien; Fakten schaffen und dann Föderat werden an einem sonnigen Platz. Silvester 406 setzen sie irgendwo zwischen Worms und Mainz über den Rhein.

Wie man sich solch heranstürmende Germanen vorstellen muss, das malte der römische Geschichtsschreiber Ammianus Marcellinus bei früherer Gelegenheit in düsteren Farben: »Nur kurze Zeit schleuderte man Wurfspeere. Dann eilten die Germanen – mehr in jagendem als in besonnenem Lauf – heran und stürzten sich, den Speer in der Rechten schwingend, mit unbeschreiblicher Wut auf unsere Reiter. Noch unmäßiger als gewöhnlich wüteten sie, dass sich ihre Haare flatternd sträubten, und aus ihren Augen leuchtete eine Art Wahnsinn.« Mittendrin im Gewühl ist Silvester 406 der 16-jährige Geiserich. Er sieht seinen Vater, den Vandalen-König, sterben und erlebt in den kommenden zweieinhalb Jahren eine grauenhafte Zeit; die ausgehungerten Vandalen ziehen durch Gallien und machen dabei keine Gefangenen.

Solch eine Katastrophe hatten die Gallier seit über 400 Jahren nicht mehr erlebt, denn seit Cäsars Eroberung herrschte hier die Pax Romana, der innere Frieden des Römischen Reiches. Gekämpft wurde nur an den Außengrenzen. Bis die Vandalen kommen. »Ganz Gallien rauchte als ein einziger Scheiterhaufen«, schrieb der schockierte Bischof Orientius in Südgallien, »wo sie gewesen waren, da lagen unsere Landsleute tot als Futter der Hunde. Anderen wurden die brennenden Häuser zum Scheiterhaufen, der sie des Lebens beraubte.«

Eine Tragödie. Allerdings führten andere Germanenvölker sich auch nicht besser auf, ganz zu schweigen von den Römern. Wo sie gesiegt hatten, galt: Vae Victis, Wehe den Besiegten.

Nach zweieinhalb Jahren verließen die Vandalen Frankreich und zogen nach Spanien. Aus Rom wurden ihnen allerdings unfreundliche Nachbarn hinterhergeschickt, die Übermacht der Westgoten. Sollten sich die Barbaren doch gegenseitig umbringen. Taten sie auch: Vom vandalischen Stamm der Silingen blieben nur Reste übrig, die sich dem stärkeren vandalischen Stamm der Hasdingen anschlossen.

Diese vereinten Vandalen bekamen einen neuen König, Geiserich, der sich zu einem der klügsten Herrscher der Spätantike entwickeln sollte. Kein blonder Recke, sondern eher ein hinkender Schrumpf-Germane, erklärt Peter Johanek, Mittelalter-Historiker aus Münster: »Geiserich war körperlich nicht von großer Statur und hatte aufgrund eines Unfalls eine Gehbehinderung. Er hinkte offenbar, aber dennoch war er in der Lage, seine Leute sehr gut zu führen.« Geiserich war weitblickend und erkannte, dass die Vandalen in Spanien auf Dauer untergehen würden. Er machte aus seinen Bauern Seefahrer und sah nur einen Ausweg: ab nach Afrika. »Es gibt zwei Gründe«, so Johanek, »die zahlenmäßige Unterlegenheit gegenüber den Westgoten und die Tatsache, dass Nordafrika die reichste Getreide-Provinz des Römischen Reichs war.«

Im Sommer 429 machen die Vandalen rüber, eine logistische Meisterleistung. Bis zu 80 000 Menschen werden bei Gibraltar samt Pferden, Vieh und Ausrüstung mit einer Art Fährbetrieb verladen und nach Afrika gebracht. Geiserich hat sein Volk zuvor zählen lassen, damit er weiß, wie hoch die Verluste sind. Der König befehligt um die 15 000 Krieger, eine vergleichsweise kleine Truppe; dennoch schafft er es schnell, große Teile Nordafrikas zu erobern. Denn die Römer haben in ihrer reichsten Provinz nur wenige Einheiten stationiert. In der belagerten Küstenstadt Hippo Regius sitzt der alte Kirchenvater Augustinus und wettert gegen die Vandalen, noch bevor sie da sind: Der alte Mann unterstellt ihnen zahllose Grausamkeiten, obwohl er sie persönlich nie kennenlernt. Denn er stirbt während der Belagerung seiner Stadt. »Die Vandalen brachten überall, wo sie vorüberzogen, Verwüstungen mit sich. Plünderungen, Blutbäder, Feuersbrünste und eine Fülle grauenvoller Leiden. Sie achteten nicht Alter noch Geschlecht. Sie schonten die Priester, die Diener des Herrn, ebenso wenig wie die Zierrate der Kirchen, die Weihegefäße und die heiligen Bauten selber.« Das stimmt offensichtlich nicht, denn bei Ausgrabungen in Hippo Regius zeigte sich, dass zum Beispiel die berühmte Bibliothek des heiligen Augustinus keineswegs abgefackelt worden war.

Spätestens mit Augustinus setzte die Glaubenspropaganda gegen die Vandalen ein, denn sie waren zwar Christen, aber keine Katholiken. Die Vandalen wie auch die Goten hingen dem Arianismus an, einer Glaubensrichtung, die von der Dreifaltigkeit nichts wissen will. Für Arianer spielt der Heilige Geist keine Rolle, und Jesus ist nach ihrem Glauben auch nicht mit Gott auf eine Stufe zu stellen. Hinter diesen religiösen Feinheiten verbarg sich allerdings mehr – es ging um Macht. Denn Augustinus stand für die römisch-katholische Kirche – mit Betonung auf römisch, und für Geiserich war die Glaubensfrage auch ein Mittel der Macht. Der Historiker Johanek erklärt, wonach Geiserich strebte: »Entscheidend war für ihn, ein Reich zu erobern und ein Reich zu beherrschen. Und das ist ihm gelungen.«

Im Jahr 439, zehn Jahre nach Ankunft in Afrika, erobert Geiserich auch Karthago, damals die drittgrößte Stadt der bekannten Welt nach Rom und Byzanz. Karthago fällt nicht durch rohe Gewalt, sondern durch eine List. Welche es war, darüber sagen die Quellen nichts.

Was für eine Leistung: Der erste souveräne Staat neben Rom im römischen Imperium, in dem auf einen Vandalen zwischen 10 und 20 Einheimische kommen. Nichts ist erfolgreicher als der Erfolg; selbst Salvianus, ein katholischer Presbyter, verdammt die vermeintliche Dekadenz der Römer und zollt den disziplinierten Vandalen Respekt. »Wer bewundert da nicht die Völkerschaften der Vandalen. Sie haben die Unzucht unter Männern verabscheut, ja auch die mit Frauen, weswegen sie Lasterhöhlen und Bordelle gemieden haben ebenso wie das Beilager und den Verkehr mit Dirnen. Sie befahlen sogar zwangsweise allen Dirnen, eine Ehe einzugehen, und erfüllten so das Gebot des Apostels, dass jede Frau ihren Mann und jeder Mann seine Gattin haben soll.«

Die Vandalen zerstörten wenig, aber verfolgten die katholischen Priester und Bischöfe als fünfte Kolonne Roms. Die Bevölkerung hingegen durfte in der Regel katholisch bleiben. Ansonsten übernahmen die Vandalen schnell den Lebensstil der Römer, vertrieben die römischen Eliten von ihren großen Gütern und setzten sich selbst in die schicken Bäder. König Geiserich sorgte allerdings dafür, dass seine Krieger nicht lasch wurden. Er hielt seine Kämpfer möglichst weit von Karthago entfernt, und er beschäftigte sie mit Krieg. Bald nannte sich Geiserich »König des Landes und des Meeres«, denn er war der einzige Germanenfürst mit bedeutender Flotte.

Sein eigenes Reich führte er fast 50 Jahre lang straff und

geschickt. Wer loyal war, konnte bei ihm Karriere machen, auch Römer, betont der Historiker Peter Johanek. »Römische Eliten wurden in seine Regierung mit einbezogen, an den Strukturen wurde möglichst wenig geändert; wir wissen, dass in seiner Umgebung Römer als Amtsträger tätig waren, die sogar vandalische Kleidung trugen.«

Kunst und Kultur, alles blühte in Karthago weiter und schöner als zuvor; das haben Ausgrabungen in den vergangenen Jahren belegt. Geiserich, ein kluger Herrscher, wusste, dass Stillstand für sein kleines Volk auf Dauer den Untergang bedeuten musste. Deswegen dachte er expansiv und fuhr zu immer neuen Beutetouren aufs Mittelmeer, wie der oströmische Historiker Prokop berichtete: »Als Geiserich einst im Hafen von Karthago das Schiff bestieg und schon die Anker gelichtet wurden, soll ihn der Steuermann gefragt haben, gegen wen es diesmal gehe. ›Gegen die, denen Gott zürnt‹, antwortete er.«

Die Vandalen beherrschten Mallorca und Sizilien, auf Korsika holten sie sich das Holz für ihre Schiffe. Geiserich baute gegenüber Rom eine Machtposition auf – und setzte gleichzeitig auf Diplomatie. Am Ende schaffte er es sogar, seinen Sohn mit der römischen Kaisertochter zu verloben. Ein großes Ziel lockte ihn: das Vandalenreich dauerhaft abzusichern, vielleicht sogar irgendwann die Herrschaft über das gesamte weströmische Imperium zu erlangen. Doch als der Kaiser in Rom von seinen eigenen Leuten ermordet wurde, war auch die Vandalen-Verlobung hinfällig. Geiserichs große Pläne scheiterten.

Der Vandalen-König schafft am 2. Juni 455 Fakten und landet vor Rom, er lässt die Stadt ausrauben – und auch die Kaisertochter entführen, um sie mit seinem Sohn zu verheiraten. Doch Rom setzt nun alles daran, Geiserichs

Reich zu zerstören. Einen ersten Invasionsversuch verhindert der Vandale, indem er die feindlichen Soldaten auf Sizilien vor ihrem Aufbruch Richtung Afrika nach Mafia-Art kauft. Geld hat er ja seit der Plünderung Roms reichlich. Im Jahr 468 folgt der zweite Versuch: Eine oströmische Flotte von angeblich 1100 Schiffen segelt Richtung Karthago. Geschichtsschreiber Prokop beschreibt den Aufmarsch. »Kaiser Leo wollte die Vandalen bestrafen. Er sammelte gegen sie ein Heer, dessen Stärke, wie uns berichtet wird, an die hunderttausend Mann betragen haben soll.« Doch der listige Geiserich schickt ihnen 75 Feuerschiffe, Brander, entgegen, mit brennendem Öl. Die Hälfte der römischen Flotte wird an einem einzigen Tag auf hoher See zerstört. Der Rest kehrt um, bevor er afrikanischen Boden erreicht hat.

Niemand besiegt den stolzen Vandalenkönig Geiserich. Erst lange nach seinem Tod kommt der Untergang des Vandalenreiches. Von Süden her werden die Mauren auf ihren Kamelen für Karthago immer unbequemer, und Ostrom ist inzwischen wieder so gestärkt, dass es zum großen Krieg rüstet. Geschichtsschreiber Prokop ist im Jahr 534 dabei und bedient das alte Klischee der Dekadenz. Was einst den Römern vorgehalten wurde, soll nun für die Vandalen gelten. »Unter allen Völkern ist keines so verweichlicht wie die Vandalen. Denn seitdem sie Afrika eingenommen hatten, ergötzten sie sich an täglichen Bädern und ausgesuchten Tafel-Genüssen. Sie liebten kostspielige Schmausereien und gaben sich Ausschweifungen jeder Art hin.«

In Wirklichkeit waren die Vandalen einfach zu schwach angesichts der feindlichen Übermacht. Sie kämpften tapfer, aber es fehlte den Nachfolgern Geiserichs das Genie des hinkenden Germanenfürsten. Die besiegten Krieger der

Vandalen wurden in die oströmische Armee eingegliedert und in den Kriegen gegen die Perser aufgerieben. Die Vandalen verschwanden von der Landkarte.

104 Jahre lang mischten die Vandalen in der Weltgeschichte mit. Nur zweieinhalb Jahre wüteten sie tatsächlich wie die Vandalen, in ihrer Zeit in Gallien; sie waren nicht besser, aber auch nicht schlechter als andere Völker.

Trotzdem gelten sie seit etwa 200 Jahren als die bösen Buben der Weltgeschichte. Der Rufmord stammt aus der Zeit der Französischen Revolution, ausgerechnet von einem katholischen Priester: Der Abbé Henri-Baptiste Grégoire prangerte damals den Bildersturm der französischen Revolutionäre an, denn die Jakobiner zerstörten sinnlos mittelalterliche Kathedralen. Der Abbé predigte »Über den Vandalismus und die Möglichkeiten seiner Unterdrückung«. Vandalismus ist seither Synonym für Gewalt gegen Kultur.

Das alles scheint doch in höchstem Maße überzogen: Auch der Vandale hat ein Recht auf Resozialisierung. Wenn also die nächste Mülltonne brennt, die nächste Tür eingetreten ist, die nächste U-Bahn beschmiert, dann wollen wir als Journalisten in uns gehen und politisch korrekt schreiben: Die jungen Leute, sie haben gehaust wie die Westgoten, randaliert wie die Römer, sie zogen sengend wie die Sachsen durch die Innenstadt. Waren brutal wie die Brukterer, fies wie die Franken, mies wie die Markomannen …

{Heiner Wember}

3.

897 n. Chr.: Ausgegraben und verurteilt

Gruselprozess gegen einen toten Papst

»Wir haben einen neuen Papst! Der neue Papst ist besser, ja besser als der alte Papst. Jeder neue Papst ist besser! Wir wollen täglich einen neuen, frischen Papst!«

In den Siebzigerjahren kam der Liedermacher Konstantin Wecker mit diesem Wunsch etwa 1000 Jahre zu spät. Im Mittelalter wechselten die Vertreter Christi zwar nicht täglich, aber doch häufig. Manche von ihnen saßen nur wenige Monate oder sogar ein paar Wochen auf dem Heiligen Stuhl. Dann stürzten sie auch schon wieder hinunter, erwürgt oder totgeschlagen, von ihren Nachfolgern in den Kerker geworfen, verstümmelt oder vergiftet.

Päpste im Mittelalter waren nicht immer Experten für Glaubensfragen oder ein frommes Leben. Sie rangen nicht darum, würdige Stellvertreter Christi auf Erden zu sein. Stattdessen waren sie Meister der politischen Intrige. War das beginnende neunte Jahrhundert schon schlimm, so gilt die Zeit zwischen 882 und 1046 als schaurigste Epoche in der Geschichte des Papsttums und heißt heute höchst offiziell: Saeculum obscurum, das düstere Jahrhundert.

»Sie wohnten in prachtvollen Gemächern, die von

Gold, Purpur und Samt strahlen; sie speisten gleich Fürsten auf goldenem Geschirr; sie schlürften ihren Wein aus köstlichen Bechern oder Trinkhörnern. Ihre Basiliken starrten von Ruß, aber ihre dickbäuchigen Weingefäße glänzten von Malerei«, so der Historiker Ferdinand Gregorovius Ende des 19. Jahrhunderts. Er gilt bis heute als einer der wichtigsten Geschichtsschreiber Roms. Weiter berichtet er: »Sie schlummerten in den Armen ihrer Beischläferinnen auf seidenen Kissen in künstlich mit Gold ausgelegten Bettgestellen, während ihre Vasallen, Kolonen und Sklaven ihren Hofstaat versorgten. Sie würfelten, jagten und schossen mit den Bogen. Sie verließen ihren Altar, an dem sie, mit Sporen an den Füßen und ein Dolchmesser an der Seite, Messe gelesen, und ihre Kanzel, um auf goldgezäumte Pferde mit sächsischen Sätteln zu steigen und ihre Falken fliegen zu lassen. Wenn sie reisten, umgab sie der Schwarm ihrer Hofschranzen, und sie fuhren in kostbaren Wagen mit Rossen, deren sich kein König würde geschämt haben.«

Damals wurden Päpste nicht nach Weisheit ausgewählt, sondern danach, ob sie den tonangebenden Adelskreisen in Rom genehm waren. Da der Papst einerseits seit der Zeit Karls des Großen für die Krönung des weströmischen Kaisers zuständig war, andererseits ein machtvoller Kaiser nach Belieben Päpste ein- oder absetzen konnte, waren beide Ämter auf unheilvolle Weise miteinander verflochten. Das höchste Kirchenamt der Christenheit war zu einem politischen Spielball geworden, den man meist schneller als erwartet wieder abgeben musste.

Zwischen 800 und 1000 zählt die Kirchenchronik nicht weniger als 50 Päpste. Das lag beileibe nicht daran, dass nur alte oder todkranke Männer die Tiara trugen, denn es fanden sich auch Teenager auf dem Stuhl Petri wieder. Die hohe Fluktuation lässt sich eher darauf zurückführen, dass jeder Kirchenfürst, der eigene Ideen verfolgte, von seinen Gegnern brutal ausgeschaltet und im Handumdrehen durch einen neuen Kandidaten ersetzt wurde. Und die Zahl der ermordeten Päpste ist auch nur deshalb nicht genau zu beziffern, weil es häufig mehrere Päpste gleichzeitig gab und heute nicht immer geklärt werden kann, wer eigentlich Papst und wer Gegenpapst gewesen ist.

Die Chronisten des düsteren Jahrhunderts schüttelten sich zwar vor Abscheu, dennoch kritzelten sie jedes noch so kleine Detail genüsslich aufs Papier. So ließ Stephan V. seinen Oberhofmeister Gregor ermorden und die Leiche nach draußen schleifen, bis der »Fußboden der Kirche, durch die er geschleppt wurde, ganz mit seinem Blute besudelt« war. Den Schwiegersohn Gregors ließ er blenden, seine Witwe nackt aus Rom herauspeitschen. Weiter erzählen die Quellen von Leo IV., dem ersten Papst, der voller Begeisterung zu den Waffen griff und selbst in den Krieg zog. Er versprach jedem Soldaten einen Platz im Himmelreich, sollte er im Kampf gegen die Sarazenen fallen. Die Verwandten von Johannes VIII. hingegen träufelten 882 Gift in seinen Weinkelch. Als der Tod des Papstes nicht schnell genug eintrat, erschlugen sie ihn mit einem Hammer. Unübertroffen an Gräuel und Absurdität ist jedoch die Geschichte von Papst Formosus, der im Jahr 897 – neun Monate nach seiner Bestattung – in der sogenannten »Leichensynode« angeklagt und verurteilt wurde.

Formosus wurde etwa 816 geboren, ob auf Korsika oder in Rom, ist nicht endgültig geklärt. Sicher ist, dass er zum Kardinalbischof von Porto, nahe Rom, geweiht wurde, als er etwa 48 Jahre alt war. Der damalige Papst Nikolaus I.

sandte ihn von dort nach Bulgarien, wo dringend Missionare gebraucht wurden. Als päpstlicher Gesandter durchlief Formosus eine glänzende Karriere, bis er sich plötzlich aus der geistlichen und weltlichen Gemeinschaft ausgestoßen fand, exkommuniziert und gebannt zugleich. Grund war eine Verschwörung, die er gegen Papst Johannes VIII. und Kaiser Karl den Kahlen angezettelt haben soll. Nur durch eindrucksvolle Reue- und Unterwerfungsgesten gelang es Formosus, wieder in die Kirche aufgenommen zu werden. Mit einem heiligen Schwur beteuerte er großspurig, niemals wieder Anspruch auf sein Bischofsamt in Porto anzumelden. Und natürlich würde er Rom nie wieder betreten. Aber wer wollte das schon glauben? Noch dazu, da Formosus seinen Eid nicht nur auf die vier Evangelien, das Kreuz Christi und die Reliquien der Apostel leistete, sondern auch auf die Sandalen des Herrn.

Es brauchte nicht mehr als ein Fingerschnipsen, um sich von einem unbequem gewordenen Schwur zu befreien. Papst Marinus I. löste Formosus großzügig von seinem Versprechen. Dies war eine Geste unter Gleichgesinnten, trug doch Marinus selbst einen fetten Schmutzfleck auf seiner Soutane. Er war der Erste, der die verbotene translatio vollzogen hatte, den Wechsel von einem Bischofssitz auf einen anderen, nämlich von Cerveteri auf den von Rom. Dies war nach kanonischem Recht verboten und wurde erst in den nachfolgenden Jahrhunderten in Ausnahmefällen – bei der Wahl zum Papst – genehmigt. Tatsächlich hatten vor Marinus nur Diakone, keine Bischöfe den Stuhl Petri bestiegen. Marinus war selbstbewusst genug, um sich für eine würdige Ausnahme zu halten, und gab seinem Freund Formosus auch das verlorene Bistum in Porto zurück. Und weil jetzt auch der letzte Rest des großen Schwurs vergessen war, ließ sich Formosus im Jahr des Herrn 891 sogar selbst zum Papst wählen.

Nur der Papst durfte die Krönung des römischen Kaisers vollziehen, daher war das Tauziehen zwischen Papsttum und all jenen Familien, die ihre Kandidaten für die Kaiserwürde ins Rennen schickten, programmiert. Formosus war nicht der Erste (und erst recht nicht der Letzte), der seine eigenen Vorstellungen davon besaß, wer Kaiser sein sollte. Sein Vorgänger sah sich gezwungen, den lombardischen Herzog Guido (Wido) von Spoleto zum Kaiser zu krönen. Formosus bestätigte diese umstrittene Amtshandlung – eigentlich erhoben die Karolinger Anspruch auf die Kaiserkrone – und kürte sogar Guidos Sohn Lambert 892 zum Mitkaiser. Niemals – so der zu Übertreibungen neigende Formosus – lasse er sich von seinem »teuersten Sohn« Lambert trennen.

Allerdings änderte er seine Meinung bald und wollte sich um jeden Preis aus der eisernen Hand der Spoletiner lösen. Formosus rief den fränkischen König Arnulf von Kärnten zur Hilfe und flehte ihn an, die Stadt und das Reich von einem schlechten Christen, ja Tyrannen zu befreien. Arnulf, ein unehelicher Spross der Karolinger, der unter epileptischen Anfällen litt, ließ sich das nicht zweimal sagen, zog mit seinen Soldaten nach Rom und eroberte die Stadt. Wie »christlich« es dabei zuging, berichtet Bischof Liutprand von Cremona: »Priester Gottes wurden gebunden fortgeschleppt, geweihte Jungfrauen genotzüchtigt, Ehefrauen geschändet.« Die Kirchen boten keine Zuflucht, da sie für »Schlemmereien, unanständige Aufzüge, unzüchtige Gesänge und Trinkgelage« genutzt wurden. »O Gräuel! Es wurden dort sogar Weiber öffentlich der Unzucht preisgegeben.«

Formosus krönte Arnulf kurzerhand zum Kaiser. Er wusste ja bereits: Ein kurzes Gedächtnis kann manchmal von Vorteil sein. Und bevor irgendwer Rachepläne gegen den heuchlerischen Papst schmieden konnte, verstarb Formosus am 4. April des Jahres 896, und zwar – so unwahrscheinlich es auch klingt – offenbar eines natürlichen Todes. Doch sollte dies einer der wenigen »natürlichen« Vorgänge in Formosus' Schicksal bleiben …

Formosus' Nachfolger war Bonifatius VI., der schon nach 15 Tagen Amtszeit vom Heiligen Stuhl kippte und mit Stillschweigen übergangen werden könnte, wenn nicht sein Pontifikat das kürzeste in der Geschichte des Papsttums gewesen wäre. Aber Historiker lieben Superlative, und daher sei Bonifatius VI. hier wenigstens erwähnt. Ihm folgte Stephan VI., und so wurde das Jahr 896 zum Dreipäpstejahr. Stephan VI. war ein Anhänger des ehemaligen Kaisers Lambert von Spoleto, den – wir erinnern uns – Formosus zwar gekrönt, aber dann unbekümmert fallen gelassen hatte. Von Rachegelüsten zerfressen, setzte Papst Stephan den bizarrsten Prozess in der Geschichte der katholischen Kirche in Gang.

Im Januar 897 ließ er die Leiche des Formosus neun Monate nach ihrer Bestattung aus der Gruft holen. Zitternde Kirchendiener streiften dem halb verwesten Körper kostbare Papstgewänder über und setzten ihn derart geschmückt auf den Papstthron. Dann begann der Schauprozess, den die Zeitgenossen auch Schauersynode nannten, synodus horrenda. Oder, wie der Historiker und Kirchenkritiker Karlheinz Deschner in seinem Mammutwerk »Kriminalgeschichte des Christentums« formuliert, »ein makabres Schmierenstück papalen Ranges«. Drei Tage währte die Posse, in deren Verlauf sich Formosus gegen schlimmste Vorwürfe zu verteidigen hatte: Verschwörung gegen seinen Vorgänger Johannes VIII., Meineid, Ehrgeiz, translatio. Der letzte Vorwurf war sicher der einzig handfeste, jedoch hat Formosus' Ankläger Stephan VI. genau den gleichen Fehler begangen und war Bischof von Agnani gewesen, bevor er Bischof von Rom wurde. Es ging aber offensichtlich überhaupt nicht um Recht, sondern um die Demonstration von Macht, und daher stellte Stephan dem angefaulten Formosus einen blutjungen Diakon als Pflichtverteidiger zur Seite, der – völlig überfordert mit seiner Rolle in diesem Gruselkabinett – nichts für seinen schweigsamen Mandanten erreichen konnte.

Von Beginn an war der Schuldspruch beschlossene Sache, es überraschte daher niemanden, dass Formosus den Prozess verlor und ihm alle päpstlichen Würden aberkannt wurden. Seine skelettartigen Überreste nahmen das Urteil wie erwartet ohne sichtbare Regung zur Kenntnis, Formosus wurde nun offiziell abgesetzt. Damit waren jeder Segen, jede Weihe, jede kirchliche Handlung, die er als Papst vollzogen hatte, mit sofortiger Wirkung ungültig. Auch die Berufung seines Anklägers Stephans VI. zum Bischof von Agnani war dadurch nichtig und Stephan selbst von dem Vorwurf der verbotenen translatio gereinigt. Auch die Krönung des Kaisers Arnulf von Kärnten war nun nicht mehr rechtmäßig. Das hatte wenig Einfluss auf den Gang der Geschichte, denn sowohl Arnulf von Kärnten als auch sein Konkurrent Lambert von Spoleto starben kurz darauf.

Zum Abschluss der Leichensynode gab Papst Stephan den Befehl, Formosus die kostbaren Gewänder wieder vom verwesten Leib zu reißen und ihm die Schwurfinger der rechten Hand abzuhacken. Dann verscharrte man Formosus wie einen Heiden. Doch das schien Stephan nicht brutal genug zu sein. Formosus wurde wieder ausgegraben und in den Tiber geworfen. Seine Anhänger – Formosus hatte tatsächlich auch Anhänger – fischten das Gerippe jedoch aus dem Wasser und begruben es heimlich am Ufer.

Wenn Stephan VI. geglaubt hatte, nach dem Racheakt würde er Ruhe finden, so sah er sich darin herb getäuscht. Sein Glück verließ ihn prompt. Kurze Zeit nach der Leichensynode stürzte das Dach der Lateran-Basilika ein, und nicht nur das einfache Volk erkannte darin ein Zeichen von Gottes Zorn. Der Pöbel stürmte die päpstlichen Gemächer des Lateranpalastes, ergriff Stephan VI. und stieß ihn in den Kerker. Lange darben musste er allerdings nicht, denn man erwürgte ihn bald.

Sein Nachfolger hieß Romanus. Dieser erklärte die Leichensynode und alle anderen Amtshandlungen Stephans für ungültig. Doch erst sein Nachfolger Theodor II. ließ Formosus öffentlich rehabilitieren und seine Leiche, die ein Eremit am Rande des Tibers praktischerweise gerade entdeckt hatte, feierlich in der St. Peter Basilika bestatten. Alle Amtshandlungen von Formosus wurden nun wieder anerkannt. Sonst ist über das zwanzigtägige Pontifikat von Papst Theodor II. nicht viel bekannt. Auf Theodor folgte Leo V., der es immerhin auf 30 Tage Amtszeit brachte, bevor er von Gegenpapst Christophorus gestürzt, in den Kerker geworfen und erwürgt wurde. Was irgendwie bekannt vorkommt.

Auch Christophorus endete im Kerker. Inzwischen hatte sich nämlich Sergius III. zum Papst aufgeschwungen. Er ließ Christophorus im Kerker schmachten, bis er Mitleid bekam. Ja, Mitleid. So erzählen es die Quellen. Und deshalb ließ er ihn dann auch hinrichten. Sergius III. war übrigens ein großer Feind des unseligen Formosus. Er ließ – der

Legende nach – die Leiche des Formosus nach inzwischen über 15 Jahren erneut ausgraben. Nur um ihm auch noch den Kopf abzuschlagen und die restlichen Finger von der Schwurhand abzutrennen. Die Leiche bzw. der Rest der Leiche wurde wieder in den Tiber geworfen. In wie vielen Einzelteilen die treuen Freunde des Formosus ihn diesmal bargen, ist nicht bekannt. Nur dass sie diese zur letzten Ruhe brachten. Oder soll man besser sagen: zur ersten Ruhe?

Das Pontifikat von Sergius III. war übrigens der Beginn der 60 Jahre währenden Pornokratie, der Herrschaft der Huren. Nun regierten die Mätressen der Päpste. Aber das ist eine andere Geschichte …

Bleibt nachzutragen, dass der Kampf zwischen »Formosianern« und »Antiformosianern« jahrzehntelang weiterging, allerdings verzichtete man darauf, die Gebeine des Papstes dafür noch einmal auszugraben. Und die Kirche räumte dann auch gleich richtig auf: Die Synode von Ravenna ließ bedauerlicherweise im Jahr 898 alle Akten der Leichensynode verbrennen. So ist der Nachwelt das einzigartige Zeugnis einer skurrilen kirchengeschichtlichen Episode verloren gegangen. Dieselbe Synode hat noch etwas Kluges verfügt: Niemals wieder sollte ein Toter vor Gericht zitiert werden.

{Maren Gottschalk}

4.

1117: Abaelard und Heloisa

Die heißeste Lovestory des Mittelalters

Die Männer kommen bei Nacht und führen nichts Gutes im Schilde. Unter ihren Umhängen verbergen sie scharf geschliffene Messer. Ein Diener, den sie bestochen haben, öffnet ihnen die Tür zum Haus des Philosophen Abaelard. Er weist ihnen auch den Weg zu jener Kammer, in der sein Herr arglos in seinem Bett liegt. Grob reißen ihn die Häscher aus dem Schlaf. Was dann passiert, hat Abaelard selbst in dürren Worten beschrieben: »Sie beraubten mich der Körperteile, mit denen ich begangen hatte, worüber sie klagten.« Der berühmte Gelehrte hat seine junge Schülerin Heloisa verführt und geschwängert – nun nimmt der Onkel des Mädchens grausame Rache.

Die Nachricht verbreitet sich wie ein Lauffeuer: Bereits früh am Morgen strömen die Leute vor Abaelards Haus zusammen. Die Kastration des umschwärmtesten Mannes von Paris erschüttert die ganze Stadt: »Besonders meine Schüler folterten mich durch ihre unerträglichen Lamentationen und ihr Wehgeschrei. Ihr Mitleid schmerzte mich tiefer als das Leiden an meiner Wunde, und ich fühlte mehr die Scham als die Verletzung, litt mehr an der Schmach als am Schmerz.« Während Abaelard sich zutiefst gedemütigt fühlt und um seinen Ruhm fürchtet, stürzt sein Unglück die verführte Heloisa in unendliche Verzweiflung. Sie wird nie aufhören, sich nach dem Geliebten zu verzehren. Noch 15 Jahre später, als sie selbst bereits Äbtissin in einem Kloster ist, schreibt sie Abaelard leidenschaftliche Briefe: »Jene Wonnen der Liebenden, die wir miteinander genossen, waren mir so süß, dass sie mir weder missfallen noch eben aus dem Gedächtnis schwinden können. Wohin ich mich wende, immer stehen sie mir vor Augen und wecken sehnsüchtiges Verlangen. Mitten im feierlichen Hochamt, wo das Gebet reiner sein soll als sonst, haben mein armes Herz so ganz jene wollüstigen Fantasiegebilde eingenommen, dass ich nur für ihre Lüsternheiten offen bin, nicht für das Gebet.«

Heloisas Briefe sind so außergewöhnlich für eine Frau des 12. Jahrhunderts, dass immer wieder an ihrer Echtheit gezweifelt worden ist. Die meisten Forscher gehen inzwischen jedoch davon aus, dass es sich um authentische Quellen handelt. Sie sind nicht nur einzigartige Dokumente, sondern auch die wohl ergreifendsten Liebesbriefe aller Zeiten. Heloisa liebt Abaelard mit einer Bedingungslosigkeit, die einen Stein erweichen könnte: »Nichts habe ich je bei dir gesucht – Gott weiß es – als dich selbst: dich schlechthin begehrte ich, nicht das, was dein war. Kein Ehebündnis, keine Morgengabe habe ich erwartet; nicht meine Lust noch meinen Willen suchte ich zu befriedigen, sondern den deinen, das weißt du wohl. Mag dir der Name ›Gattin‹ heiliger und ehrbarer scheinen, mir war allzeit reizender die Bezeichnung ›Geliebte‹, oder gar – verarg es mir nicht – deine ›Konkubine‹, deine ›Dirne‹.«

Die heißeste Lovestory des Mittelalters beginnt im Jahr

1117. Paris ist damals nicht viel größer als ein Dorf, doch es gilt als philosophisches Zentrum Frankreichs. Hierhin hat es auch den brillanten Theoretiker Petrus Abaelardus gezogen. Er ist der älteste Sohn eines Ritters aus der Bretagne; ein Hochbegabter, der seinen Brüdern das Erbe überlassen hat, um sich ganz der Wissenschaft zu widmen. Der junge Überflieger ist als Wanderscholar durch Frankreich gestreift und hat an verschiedenen Schulen Philosophie und Theologie studiert. In Paris wächst er seinen Lehrern schnell über den Kopf. Abaelard gründet sogar eigene kleine Schulen, bevor er 1114 den begehrten Logik-Lehrstuhl an der Kathedralschule von Notre-Dame erobern kann. Er ist ein Zweifler und Querdenker, der sich über jedes Dogma hinwegsetzt; mit einer Kühnheit, die in seiner Epoche lebensgefährlich ist. Ketzer werden in Frankreich verbrannt. Doch Abaelard schert sich nicht darum: Er wagt es sogar, die Texte der Kirchenväter zu hinterfragen. Nicht der Glaube, sondern die Vernunft ist sein oberstes Prinzip. So avanciert er in den nächsten Jahren zu einem der bedeutendsten Denker seiner Zeit. Zwar steigt auch die Zahl seiner Feinde stetig, doch die seiner Fans noch viel mehr. Studenten aus ganz Europa strömen zu ihm und vergöttern den charismatischen Redner.

Mit 38 gilt Abaelard als intellektueller Superstar – und als schönster Mann von Paris. Was er sehr wohl weiß. In seiner autobiografischen »Leidensgeschichte«, die er als Trostbrief an einen Freund ausgibt, schreibt er selbstkritisch: »Das Glück hat schon jeher die Toren aufgebläht. So ging es auch mir. Mein Name war damals hoch gefeiert, und ich stach im Reiz meiner Jugend und Schönheit hervor, sodass ich keine Zurückweisung fürchten zu müssen glaubte, wenn ich eine Frau meiner Liebe würdigte, mochte sie sein, wer sie wollte.« Bisher hat der Herr Professor streng enthaltsam gelebt und sich allein der Wissenschaft gewidmet. Doch nun hätte er gern eine Frau. Fürs Bett. Da ihm Dirnen zu schmutzig sind und ihn der Umgang mit den Damen der Gesellschaft einschüchtert, wünscht er sich ein möglichst junges und argloses Ding, das aber auch nicht zu dumm sein sollte. Das geeignete Objekt seiner Begierde hat Abaelard bereits in der Nachbarschaft ausgespäht: »Es lebte in Paris ein junges Mädchen namens Heloisa, die Nichte eines Kanonikus Fulbert, der sie, je mehr er sie liebte, umso sorgfältiger in jeder Wissenschaft, wo er nur konnte, zu fördern bestrebt war. Gehörte sie schon ihrem Äußern nach nicht zu den Letzten, so war sie durch den Reichtum ihrer Bildung weitaus die Erste.«

Heloisas Geburtsjahr ist nicht bekannt, doch vermutlich ist sie Anfang 20, als sie von Abaelard zum Bettschatz erkoren wird. Das anmutige Mädchen ist im Kloster aufgewachsen. Erst seit kurzer Zeit lebt die Schöne beim Onkel in Paris, der sie wie seinen Augapfel hütet. Eiskalt plant Abaelard ihre Verführung: Er überredet den als Geizkragen bekannten Fulbert, ihn gegen gute Bezahlung in sein Haus aufzunehmen, da ihm der eigene Haushalt lästig sei. Als kleine Gefälligkeit bietet der Kleriker an, der begabten Nichte ein wenig Unterricht zu geben. Fulbert ist begeistert – und so vertrauensselig, dass es selbst den skrupellosen Verführer verblüfft: »Er überließ sie offensichtlich ganz und gar meiner Erziehung und bat mich obendrein dringend, ich möchte doch ja alle freie Zeit, sei's bei Tag oder bei Nacht, auf ihren Unterricht verwenden, ja, wenn ich spürte, dass sie nachlässig sei, solle ich sie rücksichtslos züchtigen.«

Heloisa ist kein albernes Gänschen. Gerade deshalb hat

es Abaelard so leicht, ihr Herz zu erobern. Da sie sich leidenschaftlich für Philosophie interessiert, ist sie geradezu überwältigt davon, den herausragendsten Denker ihrer Zeit als Hauslehrer zu bekommen. Und dann sieht dieses Genie auch noch aus wie ein junger Gott! Vom ersten Augenblick an liebt Heloisa Abaelard – und ihre Liebe ist so absolut, dass sie sie bis zum letzten Atemzug beherrschen wird. Sie ist zu unerfahren, um zu durchschauen, dass der fast 20 Jahre ältere Mann zunächst nur auf billige Befriedigung aus ist. Sie will ihn und sonst niemanden auf der Welt: »Denn wo ist der König oder der Weise, der dir an Ruhm gleichkäme? Sehnte sich nicht jede Frau, jedes Mädchen nach dem Abwesenden? Glühten sie nicht alle für den Anwesenden? Welche Fürstin, welche hohe Dame beneidete mich nicht um meine Freuden, um das Lager meiner Liebe?«

Sogar schneller, als er denkt, ist Abaelard am Ziel seiner Wünsche: Die junge Unschuld gibt sich ihm ohne Bedenken hin. In der Studierstube werden bald schon heiße Küsse gewechselt, Liebesgeflüster verdrängt den Unterricht, immer wieder wandert die Hand des Professors von den Buchseiten zum Busen seiner Schülerin. Der Philosoph ist hingerissen: »Was soll ich weiter viel sagen? Zuerst ein Haus, dann ein Herz und eine Seele verbinden uns. Keine Stufe der Liebe ließen wir Leidenschaftlichen aus, und wo die Liebe etwas Ungeheuerliches erfinden konnte, wurde sie mitgenommen. Und je weniger wir bisher diese Freuden erfahren hatten, umso glühender verharrten wir in ihnen und umso weniger verwandelten sie sich in Überdruss.«

Das ist nun weit mehr, als er erwartet hat. Die heißen Nächte mit Heloisa lassen Abaelard schwächeln. Übermüdet wankt er vor seine Studenten, schludert die Vorlesungen herunter und wirkt nur noch wie ein Schatten seiner selbst. Wenn er überhaupt zur Feder greift, dann dichtet er schmachtende Minnelyrik nach Art der Troubadoure. Abaelards Lieder sind leider verloren gegangen, doch durch sie muss der Gelehrte so etwas wie ein Popstar geworden sein. Heloisa jedenfalls schwärmt: »Schon die Anmut deiner Weisen ließ auch ungebildete Leute dich nicht vergessen. Und daher vor allem seufzten die Frauen in Liebe zu dir. Die große Mehrzahl der Gedichte besang unsere Liebe, und so klang mein Name in Kurzem weit hinaus in die Lande und weckte bei vielen Frauen die Eifersucht.«

Abaelards Studenten beklagen sich derweil bitter über seine Nachlässigkeit – und die skandalöse Affäre macht die Runde. Als es die Spatzen bereits von allen Dächern pfeifen, bleibt der betrogene Onkel noch immer vertrauensselig. Fulbert will einfach nicht glauben, dass ihn der berühmte Kleriker und die geliebte Nichte so hintergehen – bis er das Paar in flagranti erwischt. Rasend vor Wut wirft er den Verführer aus dem Haus. Dabei geht es auch Abaelard inzwischen um viel mehr als nur um Sex: Verwundert muss er feststellen, dass er liebt, eine im 12. Jahrhundert noch seltene Erfahrung. Die Erkenntnis trifft ihn wie ein Schock: Sein Stolz, seine Überheblichkeit und seine Selbstgefälligkeit geraten beträchtlich ins Wanken. Dass er die Geliebte nun nicht mehr sehen kann, lässt seine Gefühle sogar noch wachsen: »Die körperliche Trennung war das stärkste Band unserer Seelen, und unsere Liebe wurde umso glühender, je mehr die Erfüllung ihr versagt war.«

Als Heloisa feststellt, dass sie schwanger ist, entführt Abaelard sie in die Bretagne ins Haus seiner Schwester.

Dort bringt sie einen Sohn zur Welt, den die beiden Astrolabius nennen. Abaelard wird mittlerweile von schlimmen Gewissensbissen geplagt: Er bietet dem düpierten Fulbert an, seine Nichte zu heiraten – wenn die Ehe geheim bleibt. Der Herr Professor fürchtet um seinen Ruf. Mehr noch als er selbst sorgt sich allerdings Heloisa um die Karriere des geliebten Mannes. Als Kleriker ohne höhere Weihen darf er zwar heiraten, ein weiterer Aufstieg in der Kirchenhierarchie wäre dann jedoch nicht mehr möglich. Heftig wehrt sich die junge Frau gegen eine geplante Hochzeit und malt Abaelard drastisch alle Nachteile des Ehelebens aus: »Sie fragte mich, welche Ehre sie an mir gewinnen könne. Wie erbärmlich, wie kläglich wäre es, wenn ein Mann wie ich, geschaffen für alle, sich einer einzigen Frau verschriebe und sich unter ein so schimpfliches Joch beugen wollte! ›Denk allein an den Zustand einer gutbürgerlichen Lebensführung! Wer kann sich der Betrachtung der Schrift oder der Philosophie hingeben und dabei das Geschrei der kleinen Kinder, den Singsang der Amme ertragen? Wer wird die beständige widerliche Unreinlichkeit der Kinder aushalten können?‹«

Heloisa will sich mit der Rolle der fernen Geliebten begnügen, jederzeit für ihren Herzensfreund da sein, ohne selbst irgendwelche Ansprüche zu stellen. Doch Abaelard möchte den empörten Fulbert besänftigen: Er besteht auf der Hochzeit. Nur die engsten Angehörigen sind dabei, als sich die Liebenden an einem frühen Morgen in Paris das Jawort geben. Obwohl sie sich danach trennen und versuchen, die Vermählung geheim zu halten, posaunt Fulbert sie in der ganzen Stadt herum. Schließlich will er die Ehre seiner Familie wiederherstellen. Immer noch um Abaelards Karriere besorgt, lässt sich Heloisa daraufhin von ihrem Gatten in ein Kloster abschieben – was die beiden allerdings nicht daran hindert, sich dort zu treffen und in einem Winkel des Refektoriums zu vergnügen.

Jetzt hat Fulbert endgültig genug: Er schickt Abaelard jene Häscher auf den Hals, die ihn entmannen. Die Kastration ist für den einst so stolzen Mann nicht nur eine schmerzliche, sondern vor allem eine quälend peinliche Angelegenheit. Er mag nicht mehr in der Öffentlichkeit erscheinen und beschließt, sich hinter Klostermauern zu verstecken. Dabei sieht Abaelard sein Unglück durchaus als Strafe Gottes für seine Sünden an. Er bereut die Verführung zutiefst. Nicht so Heloisa: Für sie war die Liebe, auch die körperliche Liebe zu Abaelard, das Schönste und Größte in ihrem Leben. Ohne ihn ist die Welt für sie öde und leer: »Nicht Frömmigkeit, sondern dein Befehl allein hat mich in blühender Jugend zur Düsternis des Klosterlebens hingezogen. Da du bei Gott deine Zuflucht suchtest, bin ich dir gefolgt, nein, im Schleier vorausgeeilt bin ich dir. Ich wäre auf deinen Befehl ohne Zögern, wenn du dich in die Hölle stürztest, dir vorangeeilt oder gefolgt.«

Obwohl sie sich noch immer vor Sehnsucht nach ihm verzehrt, werden bald zehn Jahre vergehen, bis Heloisa den geliebten Mann wiedersieht. Abaelard führt auch als Mönch ein unruhiges Leben: Der Hitzkopf eckt überall an. Eine Weile überlegt er sogar, zu den muslimischen Mauren nach Spanien zu gehen. 1128 wird er zum Abt eines bretonischen Lotter-Klosters gewählt. Als er dort Ordnung schaffen will, versuchen die hinterlistigen Mönche, ihm Gift in den Messwein zu mischen. Schließlich gibt er das Klosterleben auf und widmet sich wieder der Wissenschaft. Seine Werke zur Logik werden in ganz Europa begeistert gelesen, doch gleichzeitig wird er von seinen

Gegnern heftig attackiert. Besonders der spätere Heilige Bernhard von Clairvaux hat es auf Abaelard abgesehen und versucht, ihn beim Papst anzuschwärzen. 1141 hat Bernhard sein Ziel erreicht: Innozenz II. verurteilt Abaelard zu ewigem Schweigen und lässt in Rom seine Bücher verbrennen. Erst kurz vor seinem Tod kann der Philosoph seinen Ruf wiederherstellen.

Sein Leben lang findet Abaelard Trost bei Heloisa. Sie bleibt seine Seelenfreundin, die Einzige, die ihn versteht und die ihm in allen Stürmen beisteht. Er schenkt ihr eine kleine Einsiedelei, die sie zu einem bedeutenden Nonnenkloster ausbaut. Als Äbtissin kann sie den geliebten Mann sogar gelegentlich sehen. 1133 beginnt Heloisa den berühmten Briefwechsel, in dem sie herzzerreißend über die verlorene Liebe klagt. Sie fühlt sich von Abaelard vernachlässigt und drängt ihn, ihr wenigstens in Briefen Trost zu geben, wenn er schon nicht bei ihr sein kann. So entwirft er Regeln für das Zusammenleben der Nonnen und dichtet Hymnen für ihre Gottesdienste. Zusammen führen sie einen theologischen Gedankenaustausch auf höchstem Niveau.

Als der Philosoph 1142 im Alter von 63 Jahren stirbt, lässt Heloisa den Leichnam unauffällig in ihr Kloster bringen. Sie überlebt Abaelard um 22 Jahre – als Äbtissin hochgeachtet und verehrt. Nach ihrem Tod wird das Traumpaar des Mittelalters zunächst in einer Gruft und später in einem Sarg beigesetzt. Heute liegen die beiden auf dem Friedhof Père Lachaise in Paris, und ihr Grabmal ist eine Pilgerstätte für Verliebte. In einem seiner letzten Briefe hatte Abaelard geschrieben: »Du hast uns vereint, o Herr, und wiederum getrennt, wie es dir gefallen und wann es dir gefallen. Nun, Herr, vollende in deiner großen Barmherzigkeit, was du so barmherzig begonnen; die du in der Welt für kurze Zeit auseinandergerissen, vereinige sie mit dir im Himmel für alle Ewigkeit.«

{ Christiane Kopka }

5.

1340: Grausames Stadtrecht

Das Pfählen von Ehebrecherinnen

»Ich wüsste nicht, wozu die Frau dem Mann als Hilfe gegeben worden wäre, wenn nicht zum Kinderkriegen … ziehen wir den Grund zu gehorchen einmal ab.« Dieser schwierigen Frage stellte sich der Kirchenvater Augustinus im 4. Jahrhundert nach Christus. Alle Theologen, Philosophen und Dichter des Mittelalters haben versucht, das Wesen der Frau zu erfassen, und auch wenn sie die abenteuerlichsten Theorien aufstellten, so ist ihnen doch ein Gedanke nie gekommen: dass Frauen gleichwertige Menschen sein könnten.

Dabei gab es durchaus Ansätze, die das überwiegend negative Frauenbild des Mittelalters infrage stellten. So machte sich der Theologe Petrus Lombardus im 12. Jahrhundert darüber Gedanken, warum Gott die Frau aus Adams Rippe geschaffen habe und nicht aus irgendeinem anderen Körperteil. Scharfsinnig schloss er, da sie nicht aus dem Kopf gemacht worden sei, könne man sie unmöglich als Herrin des Mannes betrachten. Ebenso wenig wäre sie aus Adams Fuß geschaffen, und deshalb sei sie auch nicht seine Dienerin. Tatsache sei nun mal, so Petrus Lombardus, dass Eva aus einer Rippe Adams gemacht sei, und das zeige doch wohl deutlich, dass sie ihm eine Gefährtin sein müsse. Andere widersprachen ihm prompt: Die Rippe sei ein Körperteil, auf den man gut verzichten könne, hingegen hätte Eva schon ein Herzstück sein müssen, wenn man in ihr eine ebenbürtige Gefährtin sehen wolle.

Es war und blieb ein schwieriges Rätsel: Wozu gab es Frauen? Schon die alten Philosophen der Antike hatten sich dabei ihre wackeligen Zähne ausgebissen. Aristoteles behauptete, Frauen seien aus einem schlechten Stoff gemacht, praktisch wären sie ein Webfehler der Natur. Unfähig dazu, Samen zu produzieren, dienten sie bei der Fortpflanzung der Menschheit nur als bescheidener Acker. Der berühmteste Philosoph des 13. Jahrhunderts, Thomas von Aquin, entwickelte diesen Gedanken begeistert weiter: »Ein männlicher Fötus wird nach 40 Tagen, ein weiblicher nach 80 Tagen ein Mensch. Mädchen entstehen durch schadhaften Samen oder feuchte Winde.« Immerhin: Ein Mensch! Man muss dem heiligen Thomas wohl zugutehalten, dass er wenig Anschauung vom Objekt besaß. Trotzdem war er felsenfest davon überzeugt: Die Frau ist im Prinzip nur ein verfehlter Mann.

Konnte es schlimmer kommen? Es konnte. Der Absturz der Frauen gleich nach ihrer Menschwerdung war unausweichlich und fand einen traurigen Höhepunkt im Jahr 1340, als das Wiener Stadtrecht eine besonders grausame Strafe für Ehebrecherinnen vorschrieb. Wenn der Ehemann seine Frau mit einem Liebhaber im Bett ertappte, durfte er sie sofort töten, egal wie. Tötete er nur den Mann und ließ seine Frau am Leben, musste er dafür 30 Pfennig Strafe zahlen. Die Ehebrecherin aber wurde dann durch die Hand des Henkers gepfählt. Das Pfählen war eine bestialische Hinrichtungsart. Die Verurteilte wurde dabei auf die Spitze eines gefetteten Holz- oder Eisenpfahles gesetzt, sodass sich der Pfahl langsam durch den Körper bohrte. Der Volksmund sprach verniedlichend vom »Ritt auf dem einbeinigen Ross«. Henker gab es in Wien seit dem 13. Jahrhundert, vorher besorgten Schergen oder Fronboten die Hinrichtungen. Im Schergenhaus in der Rauhensteingasse – die heute noch so heißt – befanden sich die Verhörstube und das Gefängnis, wo die Verurteilten auf Matten (Dacken) oder auf rauem Stein liegen mussten. So kam die Straße zu ihrem Namen, und deshalb sagt man heute noch »auf der Dacken liegen«, wenn man erklären will, dass es einem schlecht geht. Die Pfählung selbst fand wahrscheinlich auf dem Hohen Markt statt, wo auch geköpft und gevierteilt wurde. Die fröhlichen Zuschauer des grausigen Schauspiels standen gaffend dabei, in der einen Hand das eigens zu diesem Anlass gekaufte Armesünderwürstchen, in der anderen ein Galgenbier.

Um zu begreifen, wie es zu solch barbarischen Rachemaßnahmen kommen konnte, müssen wir einen Blick auf die Stellung der Frau im Mittelalter werfen. Vertreter der christlichen Kirche zimmerten aus überlieferten Vorurteilen ein Ideengebäude, das Jahrhunderte überleben sollte. Die Frau sei nicht nur kein richtiger Mann, sondern auch körperlich schwach, moralisch unbeständig, der Sünde verfallen, und was das Schlimmste war: Sie stiftete den Mann zum Laster an! Eva als Verführerin gehört zu den beliebtesten Motiven der Frauenfeinde, auch im späten Mittelalter.

Hartherzig, naiv, rührselig und sadistisch zugleich erscheint diese Gesellschaft. Derb und roh ging es zu, wenn es um die Bedürfnisse des Körpers ging: Längst galten noch nicht die strengen Schamgrenzen der Neuzeit. Man schnäuzte sich in die Hand, aß mit den Fingern aus der Schüssel und erzählte sich dabei grobe Scherze vom »Furzen«. Beliebt waren auch drastische Anekdoten vom stillen Örtchen. Auch das Thema Sexualität war nicht tabu. Jeder wusste, was mit »mausen« gemeint war und was es mit dem Spiel der Vögelein auf sich hatte. Jede und jeder ergötzte sich an frivolen Liedern und anzüglichen Gedichten. Männer durften sich nehmen, was sie wollten, wenn die Frau niederen Standes war. Die körperliche Niederlage der Frauen in dieser Gesellschaft galt wortwörtlich. Sie lag unten, der Mann obenauf.

Aber seit der Vertreibung aus dem Paradies war die Freude an körperlicher Leidenschaft nicht mehr ungetrübt. Die Kirche verteufelte sexuelle Lust und drohte mit Fegefeuer und Hölle. Sexualität durfte nur der Fortpflanzung dienen, lautete das Credo, doch wer hätte sich je daran gehalten? So folgten auf die Sünden der Nacht die Beichten und die Strafen. Inbrünstige Gebete und hochheilige Versprechen, die gerade mal bis zum nächsten Festtag eingehalten wurden. Immerhin: Wer im Jahr 1340 in Wien das Glück hatte, beim Einweihungsgottesdienst des gerade fertig gebauten, gotischen Chores des Stephansdoms dabei zu sein, erhielt einen Ablass von 40 Tagen. Dem Sünder wurden dadurch 40 Tage Buße im Diesseits erlassen oder wahlweise 40 Tage im Fegefeuer des Jenseits.

Mit diesem Ablass in der Tasche sündigte es sich gleich viel entspannter. Denn aus dem Studium mittelalterlicher Quellen erfahren wir, dass die Menschen es trotz zahlreicher Verbote mit fröhlicher Selbstverständlichkeit getrieben haben. Genauer: Die Männer trieben es mit fröhlicher Selbstverständlichkeit, denn von gleichen Rechten im Bett war natürlich nicht die Rede. Im Gegenteil: Frauen sollten als Sündenböcke für die Verfehlungen der Männer herhalten. Da kam das Motiv der Eva gerade recht. Ihre Triebe seien unbändig und zügellos. Es galt also einen Weg zu finden, um die Frauen im Zaum zu halten, der Sexualität einen legitimen Platz zu verschaffen und gleichzeitig den Fortbestand der Menschheit zu sichern. Dieses System bekam den Namen »Ehe«: »Gesegnet sei das Joch, das uns verbindet! Was immer wir treiben, es ist keine Sünde mehr. Mit seinem Weibe kann der Mann nicht sündigen, denn dieses Spiel erlaubt uns das Gesetz« (Canterbury Tales).

Seit dem 12. Jahrhundert zählt die Ehe zu den christlichen Sakramenten. Damit hatte die Kirche es geschafft, die Eheschließung weitgehend unter ihren Einfluss zu bringen. Vorher war die Ehe im Mittelalter lediglich eine Rechtsform. Ehefrauen standen grundsätzlich unter der »munt«, der Verfügungsgewalt eines Mannes, zunächst des Vaters oder des Bruders, dann des Ehemannes. Frauen waren von öffentlichen Angelegenheiten ausgeschlossen, durften in der Gerichtsversammlung nicht selbstständig auftreten, sondern mussten sich von ihrem »muntwalt« vertreten lassen. Das war extrem unpraktisch, denn auch in der Stadt Wien waren Frauen im späten Mittelalter in zahlreichen Berufen tätig, hatten sich in Zünften zusammengeschlossen und sehnten sich nach Selbstständigkeit. Seit der Mitte des 12. Jahrhunderts blühte die Stadt auf. Mit dem Lösegeld, das sie für die Freilassung von Richard Löwenherz erhalten hatten, bauten die Babenberger einen stattlichen Mauerring um Wien, damit Handel und Handwerk geschützt waren.

Die Priester, die nun die Ehen segneten, wollten auch bei dem mitsprechen, was in den Betten ihrer Schäflein geschah: Sexualität durfte nur mit der Absicht, ein Kind zu zeugen, stattfinden. Die Kirche verbot daher Verhütungsmittel ebenso wie Stellungen, die für das Entstehen von Schwangerschaften ungünstig waren. Mit solchen Dingen kannten sich Priester erstaunlich gut aus. Auch während heiliger Festtage war absolute Enthaltsamkeit vorgeschrieben. Und dass Kinder, die in einer Sonntagnacht gezeugt worden waren, krank oder verwachsen auf die Welt kamen, daran zweifelte niemand. Wer sich gar in der Fastenzeit in Liebe vereinigt hatte, musste ein ganzes Jahr Buße tun. Es sei denn, er war dabei betrunken, denn dann reduzierte sich die Strafbuße auf 40 Tage.

Frauen sollten ihren Ehemännern gegenüber Gehorsam zeigen, weil sie mit Leib und Gut in deren Gewalt übergegangen seien, doch scheint das nicht immer funktioniert zu haben, wie der beliebte Spruch »Lass die Henne nicht vor dem Hahn krähen« beweist. Vor allem fromme Frauen zogen sich den Ärger ihrer Männer zu. Hatten die Kirchenlehrer doch in dem verzweifelten Versuch, Fortpflanzung und Lust voneinander zu trennen, die Losung ausgegeben, Frauen sollten sich beim Beischlaf zweiteilen: Ihren Körper dem Manne hingeben (übrigens so oft dieser danach verlangte), aber keinesfalls Erregung fühlen, denn ihre Seele mussten sie gleichzeitig mit Gott vereinen. Was einen genervten Ehemann zu dem von Guibert von Nogent überlieferten Ausspruch verleitete: »Die Priester haben ein Kreuz in die Lenden dieser Frau eingepflanzt.«

Der Mann besaß nicht nur das Verfügungs- und Nutzungsrecht über das Vermögen einer Frau, sondern auch die Strafgewalt. Ehefrauen musste man züchtigen, daran hegte niemand Zweifel. Frauen waren von Natur aus anfällig für Laster – so die herrschende Meinung der Männer. Je früher man der Gattin den rechten Weg zeigte, desto besser. Und wer klug war, holte sich sowieso eine Jungfrau ins Haus: »So hat auch eine Jungfrau ihn größer lieb den Mann und ist ihm gehorsamer als eine Witwe, denn sie ist in der Liebe neu und weich, ist zu halten und zu biegen in allen Dingen nach des Mannes Willen, wie weiches Wachs.«

Dass man seine Braut vor der Eheschließung kaum kannte, barg natürlich ein Risiko, dessen sich die Männer schmerzlich bewusst waren: »Pferd, Esel oder Ochs und andere Dinge werden versucht, ehe man sie kauft, aber eine Frau, die man zu der Ehe nehmen solle, wird nicht vorher bewertet, da ist keine Wahl oder Beschauen, sondern wie sie kommt, so musst du sie behalten.«

Was aber, wenn der Mann sich bei der Wahl seiner Ehefrau geirrt hatte? Wenn sie seinen Erwartungen nicht entsprach? Gar seine Wünsche nicht erfüllte? Dann hatte der brave Albrecht von Eyb ein paar Tipps parat: »Halte sie kurz mit Essen und Trinken, mit Kleidern und goldenen Ringen … Gib ihr kleinere Hausarbeiten auf, wie Spinnen, Nähen und Sticken, die zarte Hände machen, und übertreib es nicht mit schwerer Arbeit, damit sie nicht völlig unwillig wird, denn was man zu fest zwingt, zerbricht leicht.«

Vor allem sollte der Mann die Frau von Vergnügungen fernhalten. Ja, es war der Trieb des weiblichen Geschlechts, der den Männern schon immer Probleme bereitete. Sich mit anderen Frauen treffen, schwätzen, tanzen, feiern – nie bekamen sie genug. Und wenn sie nun trotz strengsten Verbots trotzdem zum Tanzen gegangen war? Dann musste man auf den Putz hauen, so die Flugschrift »Vom ehelichen Stand«: »Zum Ersten mit freundlichen Worten und Ermahnungen. Und hilft das nichts, so schlag sie, besonders morgens im Bett mit einer Gerte. Und will die Gerte nichts helfen, so besorge dir einen Prügel. Damit gerb ihr die Lende.«

Ehefrauen waren der Willkür ihrer Männer hilflos ausgeliefert. Aggressionen wurden ebenso frei ausgelebt wie Ängste und Trauer. Die Menschen des Mittelalters weinten mehr als wir heute, sie beteten, bereuten und fürchteten sich häufiger. Sie lebten in ständiger Angst vor Teufel, Tod und Krieg, vor wilden Tieren, Missernte und Teuerung. Die Existenz war bedroht, es gab keine Versicherung und wenig Hoffnung bei schweren Krankheiten. Der Tod war allgegenwärtig. Und Gott erschien – jedenfalls vor der Reformation – noch als gnadenloser, strafender Richter. Daher konnten die Menschen damals dem Leid anderer ungerührt zuschauen und Hinrichtungen wie das Pfählen in Wien als Volksvergnügen feiern. Gewalt gegen Menschen niederen Standes, gegen Frauen und Kinder war nicht geächtet wie in späteren Zeiten. Aus Gerichtsprotokollen wird deutlich, dass Ehemänner Steine, Töpfe oder Stühle nach ihren Frauen und Kindern warfen, wenn sie in Wut waren. Tritte, Schläge, Vergewaltigung, Missbrauch. Nur selten landeten Täter vor Gericht. Eine Ehefrau konnte sich kaum gegen ihren Mann wehren, der ja ihr gesetzlicher Vertreter war.

Begingen die Frauen aber einen Fehltritt, dann war die Hölle los. Die Kirche verlangte zwar von beiden Ehepartnern Treue, und weltliche Gerichte kannten Strafen für beide Geschlechter, jedoch war das eben Ansichtssache. Frauen galten sofort als Ehebrecherinnen, während Männer sich »nur« der Unzucht schuldig machten. Das hatte zum einen damit zu tun, dass Männer über ein höheres Ansehen verfügten und – was viel wichtiger war – dass man auf die Furcht des Mannes Rücksicht nahm, die Frau könnte ihm einen Bastard unterschieben. Denn Ehebruch galt nicht allein als Betrug am Ehemann, sondern verletzte auch die Ehre seiner Sippe. In einer Zeit, in der die Abstammung über den Platz entschied, den ein Mensch in der Gesellschaft einnahm, musste die Empfängnis eines Bastards mit Blut gesühnt werden. Genaue Zahlen gibt es darüber nicht, aber eine Untersuchung zeigt, dass zum Beispiel im Gerichtsbezirk von Birmingham Anfang des 14. Jahrhunderts sieben bis zehn Prozent aller Neugeborenen unehelich waren.

Untreue Frauen wurden verstoßen, gesteinigt oder getötet. Die Rechtsprechung im europäischen Mittelalter war allerdings nicht einheitlich. Das Wiener Stadtrecht von 1340 gehört in dieser Hinsicht zu den grausamsten Regelwerken des späten Mittelalters. Die Vergeltungsmaßnahme fügte sich gut in eine Reihe von Katastrophen, welche die Stadt Wien in jenen Jahren heimsuchte: 1338 war es die Heuschreckenplage, zwei Jahre später gab es große Überschwemmungen, im Jahr 1348 wurde die Stadt von einem Erdbeben erschüttert, und schließlich wurde 1349 ein großer Teil der Bevölkerung durch die Pest dahingerafft, bevor 1350 Teile der Stadt brannten.

Keine Strafe war für Ehebrecherinnen grausam genug. Der weibliche Treuebruch rührte offenbar an den geheimsten Ängsten und Komplexen. Und während die Männerwelt der Weltgeschichte sich mit Einfällen wie Keuschheitsgürteln oder dem Einmauern von Ehebrecherinnen ein ganzes Repertoire an Grausamkeiten zulegte, wurde doch von den Frauen erwartet, die Untreue ihres Ehemannes als Kavaliersdelikt anzusehen. Es war durchaus nicht so, als ob niemand diesen Widerspruch gesehen oder angeprangert hätte. Selbst Albrecht von Eyb schrieb: »Es sind ziemlich ungerechte Richter, diese Männer, die unkeusch sind und von ihren Weibern Keuschheit verlangen, die sie selbst nicht haben … und die sich selbst alles erlauben, was sie den Weibern verbieten. Wenn ein Mann die Ehe bricht und die Frau das erfährt, so war es ein Spiel und ein Spaß gewesen und bleibt ungestraft. Geht aber die Frau nur einmal aus dem Haus, so hat sie schon Unzucht begangen und wird bestraft.« Doch genützt hat diese Erkenntnis einiger weniger Männer der Masse der Frauen nichts. Deshalb heißt es in einem Frauenlied des 14. Jahrhunderts: »Und nichts als Entbehrung bringt das Leben dem Eheweib.«

60 Jahre nach dem Erlass des Wiener Stadtrechts meldete sich die französische Schriftstellerin Christine de Pizan zu Wort. In ihrem großartigen »Buch von der Stadt der Frauen« entlarvt sie mit treffsicherem Witz alle Vorurteile gegen das weibliche Geschlecht als unsinnige Hirngespinste. Ihr Werk erlangte Berühmtheit, auch wenn es nicht die Wirkung hatte, die man ihm gewünscht hätte. Immerhin bewies Christine de Pizan, dass die Frauen letztlich schon immer im Bilde waren:

»Denn eines musst du wissen: Alle Bosheiten, die allerorts über die Frauen verbreitet werden, fallen letzten Endes auf die Verleumder und nicht auf die Frauen zurück.«

{Maren Gottschalk}

6.

1476: Schädel in Honig

Wie Dracula den Kopf verlor

Dracula lebt – mitten in der Altstadt von Bukarest. Die Fenster seines Hauses sind vergittert, damit kein Besucher entkommen kann. Mutige Sterbliche läuten eine helle Glocke. Dann erscheint eine blasse Frau in der Tür. In dunkelrotem Licht führt sie den Gast an einen Tisch mit einsamer Kerze und Speisekarte. Im Sonderangebot jeden Abend: »Jonathan Harkers Mixed Grill« – offenbar die flambierten Überreste des jungen Rechtsanwaltes aus Bram Stokers »Dracula« – natürlich nicht durchgebraten, sondern stilecht »blutig«. Dazu serviert die Kellnerin eine passend rote Flüssigkeit: »Human blood, of course.« Dann klopft es, die Tür fliegt auf, und im Zwielicht des Raumes steht ein bleicher Mann im schwarzen Mantel. Seine Haare sind zurückgegelt, die Augen blutunterlaufen. »Willkommen in meinem Haus!«, donnert der Graf und lacht ein langes und schrecklich lautes Lachen. Mit einer raschen Bewegung greift er sich eine junge, ahnungslose Frau von einem beliebigen Tisch und stillt an ihrem Hals seinen Durst. Es gibt Applaus von denen, die verschont wurden. Dann geht Dracula sich abschminken.

Hinter den Kulissen treffen wir ihn, um zu fragen, wer er wirklich sei. »I am real Dracula!«, lacht der Mann. Zumindest zwei Nächte in der Woche ist er das, hier im »Count Dracula Club« – und das schon seit 13 Jahren. Die übrige Zeit liegt er nicht faul im Sarg, sondern probt und leitet ein kleines Theater in der Hauptstadt. Dann nennt er sich Peter Muraru. »Leider nehmen viele hier in Rumänien die Dracula-Geschichte als Beleidigung«, sagt der Schauspieler, während er sich das Theaterblut von der Wange putzt. »Wir sollten uns damit abfinden, dass der Vampir unser Markenzeichen in der Welt ist.«

Zu verdanken haben die Rumänen dieses monströse Markenzeichen dem irischen Autor Bram Stoker. 1890 soll er den ungarischen Professor Arminius Vámbéry getroffen haben. Dieser habe ihm von einem rumänischen Fürsten erzählt: Vlad der Dritte – genannt Draculea. »Der Name dieses Fürsten hat ihn so fasziniert, dass er seinen Roman umbenannt hat«, erklärt Dr. Peter Mario Kreuter vom Südost-Institut der Universität Regensburg. Er hat sich sowohl mit der historischen Figur des Herrschers als auch mit dem Vampir-Glauben in der Region beschäftigt. »Vlad ist mit Sicherheit ein sehr strenger, grausamer und auch blutrünstiger Fürst gewesen, aber ein Blutsauger bestimmt nicht.« Im Übrigen sei man in Rumänien auch stolz auf den Fürsten der Walachei. Jede größere Stadt habe eine Straße mit seinem Namen.

Um mehr über diesen inspirierenden Herrscher des 15. Jahrhunderts zu erfahren, klopfen wir an bei seinem letzten lebenden Nachfahren. Constantin Balaceanu Stolnici wohnt ein paar Straßen vom Dracula Club entfernt und ist Professor für Anthropologie in Bukarest. Das weißbärtige Gesicht des 87-jährigen Mannes erinnert mehr an einen guten Zauberer als an den teuflischen Dracula. Mit verschmitztem Lächeln und freundlichem Handschlag zieht er uns in sein Haus. Das Einzige, was hier an den König der Blutsauger erinnert, ist ein kleines Schiffsmodell auf einem alten Bücherregal. Ist die Romanfigur nicht damit nach England gefahren, weil sie dort ein Grundstück erworben hatte? Der Professor räumt gleich mit dieser Fiktion auf. »Diese Gespenstergeschichte hat nichts mit der Realität zu tun!«, erläutert er von seinem ledernen Sessel aus. »Aber die Geschichten sind sehr nützlich für das rumänische Volk gewesen. Denn wenn es darum geht, Geld zu verdienen, kann man auch einen Fürsten in einen Vampir verwandeln!« Damit spielt der Urahn auf die florierende Vermarktung des Dracula-Mythos an. Der sei von seinen Feinden genährt worden. »Der Name Draculea bedeutet kleiner Drache.« Vlad habe diesen Beinamen von seinem Vater geerbt, der Ritter des Drachenordens war. Erst seine zahlreichen Widersacher hätten den Namen mit »Teufel« übersetzt. »Geschichte wird immer von Siegern gemacht!« Der Professor lächelt. »Und manchmal sind die Sieger die Feinde.« So sei auch einem der wenigen Porträts von Vlad III. nicht zu trauen. Es zeigt einen hässlichen, hageren Mann mit langer Nase und strengem Blick. Aber all das sind für den rumänischen Professor Oberflächlichkeiten im Vergleich zu seinen historischen Verdiensten. »Er hat Europa eine Atempause verschafft im Kampf gegen die Türken.«

Die Feindschaft mit dem Osmanischen Reich durchzieht das Leben von Vlad III. Schon in jungen Jahren ist er wegen seiner Unbeugsamkeit mehrfach Geisel des Sultans gewesen. Ob er dort ausgebildet oder ausgepeitscht wurde, ist umstritten. Doch diese Zeit prägt seinen Charakter.

Der junge Fürst lernt, mit Grausamkeit zu leben, und baut Festungen gegen die drohende osmanische Invasion. Eine seiner Residenzen war die Festung Poienari, drei Autostunden von Bukarest entfernt. Wer die 1426 Stufen zu ihrer Ruine hinaufklettert, braucht eine gute Kondition. Atemberaubend ist der Blick über die Walachei, die der Fürst von 1456 bis 1462 beherrschte. In dieser Zeit entstehen auch die Geschichten über seinen Sadismus, damals bekommt er den Beinamen Tepes – »der Pfähler«. War Pfählen in Stokers Roman nicht Dr. van Helsings Methode, die Untoten von ihrem Fluch zu befreien? Trieb er ihnen nicht einen Pfahl durch das Herz? In Wirklichkeit war das Pfählen eine beliebte Methode, mit seinen Gegnern kurzen und abschreckenden Prozess zu machen.

Historiker sprechen von bis zu 100 000 Menschen, die während der Regentschaft des Fürsten ums Leben kamen. Und trotzdem genießt Vlad bis heute einen guten Ruf wie kein anderer Herrscher in der Geschichte des Landes. Er gilt als Architekt eines starken Staates, nicht zuletzt hat er die Hauptstadt Bukarest gegründet. In Zeiten der Krise erinnert man sich gern an solche Männer. Schon die Schulkinder lernen die legendären Zeilen des Nationaldichters Mihai Eminescu: »Ach, Pfähler, Herrscher! Kämest Du doch! Mit harter Hand zu richten!«

Im kleinen Dorf Aref am Fuß der Burgruine findet sich Vlads Gesicht in einer Holztür. Der Sohn von Maria und Georghe Tomescu ist Schreiner und hat es hineingeschnitzt. Denn der Legende nach haben die Dorfbewohner dem Pfähler im Kampf gegen die Türken besonders tapfer beigestanden. Daraufhin schenkte der Fürst ihnen Land und Freiheit. Heute schenkt das Ehepaar Tomescu den neugierigen Touristen, die sich hierhinverirren, herzliche Gastfreundschaft. Georghe serviert zuvorkommend selbst gebrannten Pflaumenschnaps: Zuika. Maria steht unterdessen in ihrer einfachen Küche. Eingerahmt von einer Galerie von orthodoxen Heiligenbildern rührt sie in einem Kessel mit einer rumänischen Polenta. Bevor sie das Maispüree serviert, malt sie ein Kreuz in die weiche Masse – zum Schutz vor bösen Geistern. Doch wer an dieser Stelle nach Vampiren fragt, bekommt eine eindeutige Antwort: Nein, solche Geschichten gebe es hier nicht. »Wenn die Leute gestorben sind, sind sie tot.«

Dr. Peter Mario Kreuter kennt andere Geschichten; Berichte, die den osteuropäischen Volksglauben an Vampire dokumentieren. Im Haus-, Hof- und Staatsarchiv in Wien zieht er das erste bekannte Dokument über einen Wiedergänger in Osteuropa aus einer Pappschachtel. Darin beschreibt ein österreichischer Armee-Arzt, wie er 1725 in ein Dorf in Nordbosnien gerufen wird und dabei hilft, einen gewissen Peter Plagojewitz auszugraben. Angeblich sei er nicht tot, sondern terrorisiere nachts das Dorf und seine Familie. »In seinem Mund habe er nicht ohne Erstaunen einiges Blut gesehen«, so berichtet der Arzt. »Die Nase war etwas abgefallen. Ansonsten war der Körper in gutem Zustand.« Und weiter unten heißt es, »dass sich die alte Haut hinweggeschälet, aber darunter eine neue sich gezeigt habe, als würde der Leichnam weiter wachsen und sich erneuern«. Dr. Peter Mario Kreuter hat für diesen Fund eine ganz natürliche Erklärung. »Es gibt extrem trockene Böden, die verhindern die Verwesung. Und wenn sich Haut zurückbildet, wirkt es, als seien Fingernägel gewachsen.« Doch die Menschen im Dorf wussten sich in ihrer Angst nicht anders zu helfen, als dem Leichnam den Kopf abzuschlagen.

Kopflos stirbt auch Vlad, der Pfähler. Ein Ende, das zu seinem Mythos beigetragen hat. Im Winter 1476 wird er gestürzt und versucht, sich mit einer kleinen Söldnertruppe durchzuschlagen. Vergeblich. Sein Schädel wird angeblich in Honig eingelegt zum Sultan nach Konstantinopel geschickt. Sein Körper wird auf der Klosterinsel Snagov, 30 Kilometer nördlich von Bukarest, beigesetzt. Wer ihn besuchen will, den rudert der Abt des Klosters persönlich zur Insel. Dabei kommen dem Geistlichen immer wieder Gebete über die Lippen. Auch, weil er nicht schwimmen kann und das kleine Boot gerne schwankt. Vom Ufer aus sind es nur wenige Schritte bis zur orthodoxen Kirche. Eingelassen vor dem kostbaren Altar glänzt denn auch Vlads Grabplatte – allerdings fehlt die Inschrift. Unzählige Fußtritte von Besuchern sollen seinen Namen im Lauf der Jahre unleserlich gemacht haben. Unklar ist auch, ob seine sterblichen Überreste tatsächlich hier ruhen. Wahrscheinlich hat Vlad sein Grab wieder mal verlassen. Dracula lebt. Wenn auch nur als Mythos.

{ Ralph Erdenberger }

7.

1482: Panzer und Streubomben

Die unbekannte Seite des Leonardo da Vinci

»Feuer!« Der Donner der neuen feindlichen Geschütze trifft die Verteidiger tief in den Magen. Nur Augenblicke später schlagen Kanonenkugeln im Burghof ein. Dort detonieren sie nicht nur, sie verströmen auch ein giftiges Gas. Vor dem Tor haben gegnerische Soldaten inzwischen eine Armbrust in Stellung gebracht, die mit ihren 30 Metern Bogenspannweite einem Riesen gehören könnte. Erneut: »Feuer!« Die gespannten Taue schnellen vor und jagen einen Pfeil raketenschnell ins Burgtor. Allein die Wucht des Aufpralls hätte genügt, das Holz splittern zu lassen. Doch zusätzlich entzündet sich beim Einschlag das Schießpulver in der Pfeilspitze. Die Explosion reißt die mächtigen Flügeltüren weg wie Spielkarten. Gegnerische Streitwagen jagen ins Innere der Festung. Wer hier noch lebt und sich den Angreifern in den Weg stellt, der wird von messerscharfen, rotierenden Sicheln von den Beinen geholt.

Dann kriecht ein seltsames Wesen langsam durch das geborstene Tor. Im Rauch des Gefechts sieht es aus wie eine Schildkröte aus grauer Vorzeit. Doch es lebt nicht, es bewegt sich mechanisch. Dieses Gefährt ist der erste Panzer der Welt. Quietschend kommt er im Burghof zum Stehen. Die Kanonen, die seitlich aus dem Fahrzeug ragen, senken sich, die Dachluke klappt auf. Zum Vorschein kommt ein alter Mann mit langen Haaren. Schweißperlen stehen ihm auf der Stirn. Sein wallender Bart kann sein Siegerlächeln nicht verbergen: Es ist Leonardo da Vinci, der Erfinder dieses Arsenals des Schreckens.

Auch wenn diese Szene nur ausgedacht ist – die Fantasie des Betrachters wird befeuert von unzähligen Skizzen des Universalgenies des 15. Jahrhunderts. Darauf sind Maschinen zu sehen, die drei kriegerischen Zielen dienen: zu verteidigen, zu zerstören und zu töten. Erdacht und zu Papier gebracht von ausgerechnet dem Mann, der von sich sagte, er liebe die Kreaturen der Schöpfung und besonders den Menschen: »Wenn Du die wunderbaren Werke der Natur gesehen hast«, schreibt Leonardo im Rahmen seiner anatomischen Studien, »und Du es eine abscheuliche Tat findest, sie zu zerstören, dann überlege Dir, wie unendlich abscheulich es ist, einem Menschen das Leben zu nehmen.« Wie passt das zusammen? Hätte seine Mona Lisa so schön gelächelt, wenn sie gewusst hätte, was ihren Meister noch fasziniert?

Mit einer Bewerbung beim Regenten von Mailand beginnt Ende 1482 die wenig bekannte Laufbahn des Erfinders von Militärtechnik: »Mein hochverehrter Herr«, beginnt Leonardo sein Schreiben an Ludovico Sforza. »Nachdem ich nun die Errungenschaften all derer geprüft habe, die sich als Meister im Herstellen von Kriegswerkzeugen betrachten, will ich versuchen – ohne einen anderen dadurch herabzusetzen – Eure Exzellenz auf mich aufmerksam zu machen, um euch meine Geheimnisse zu enthüllen und sie dann euch allein zur Verfügung zu stellen.«

Der Herrscher von Mailand befindet sich seit einem halben Jahr im Krieg mit Venedig. Auch der Vatikan rüstet gegen ihn. Da kommen die zehn Vorschläge, die Leonardo ihm wort- und bildreich anpreist, wie auf Bestellung: »Ich weiß bei der Belagerung eines Platzes das Wasser der Gräben wegzunehmen und unendliche Brücken, Mauerbrecher und Leitern zu machen«, verspricht der Mann aus Vinci vollmundig. »Auch besitze ich Pläne für Kanonen, die sich ganz ohne Mühe transportieren lassen und mit denen man kleine Steine schleudern kann, fast so wie im Hagelsturm.« So wirbt Leonardo für seine Idee der Streubomben. Und schließlich findet sich auch der Plan für einen Panzer in diesem Brief: »Desgleichen vermag ich geschützte Wagen zu bauen, welche die Artillerie des Feindes sicher und unangreifbar durchstoßen.«

Das gepanzerte Vehikel ist in seiner Basis rund. Übereinandergeschichtete Metallplatten laufen nach oben hin spitz zu wie bei einem Zelt. Aus seinem Innern ragen acht Kanonen für Scharfschützen hervor. Das Prinzip ist zwar nicht neu – schon in der Antike gab es gepanzerte Wagen –, doch der Antrieb, den Leonardo ersinnt, ist revolutionär. Um es anschaulich zu machen, legt er das Gefährt in einer Skizze wie einen Käfer auf den Rücken. Der Blick fällt auf einen Kurbelantrieb. Das heißt: Um den Panzer fortzubewegen, genügt eine Kurbel, die die Soldaten im Innern des Panzers bedienen können. Zugpferde, die in Schlachten leicht in Panik geraten konnten, werden damit überflüssig.

Der Mailänder Regent stellt den genialen Bewerber ein. Dieser Zug soll beiden den Rücken freihalten: dem Politiker wie dem Künstler. Ludovico hat neue Ideen für seinen Krieg, Leonardo sein erstes festes Einkommen. So zynisch es klingt: Erst diese militärische Liaison macht andere große Errungenschaften möglich. Der Künstler hat Zeit für das Bild der »Felsengrottenmadonna«, er setzt dem Mailänder Dom seine berühmte Kuppel auf, er kann das Wasser studieren und sich seinem Lieblingsobjekt widmen: dem menschlichen Körper. Durch nächtelanges Sezieren hat er die Anatomie so gut verstanden wie niemand zuvor. Denn so schrecklich seine Fantasien von Kriegsmaschinen sind, so sehr liebt er auch den Menschen und die Freiheit. In seiner ethischen Begründung für seine militärischen Ideen versucht er beides zusammenzuführen – und klingt dabei wie ein Sprecher des Pentagons: »Um das Hauptgeschenk der Natur, nämlich die Freiheit, zu bewahren, erfinde ich Angriffs- und Verteidigungsmittel, für den Fall, dass wir von ehrgeizigen Tyrannen bedrängt werden.«

Doch sein Dienstherr und Mäzen Ludovico Sforza wird selbst von vielen in Europa als Diktator gesehen: »Ein Mann, geboren, um Italien zu verderben.« So stempelt ihn der Geschichtsschreiber und Bischof Paolo Giovio noch zu Lebzeiten ab. Tatsächlich hat sich der Mailänder Patriarch an die Macht geputscht. Jahrzehntelang führt er Krieg und macht das Land zum Schlachtfeld fremder Mächte. Zwar besiegt er zwei Jahre nach Leonardos Ankunft die Venezianer, doch im gleichen Jahr 1484 greifen ihn die Franzosen an. Vielleicht weil Ludovico vor allem auf Diplomatie setzt und kaum auf Leonardos Waffen, nehmen die Truppen fünf Jahre später Mailand ein. Der Politiker gerät in Gefangenschaft, der Künstler kann entkommen. Seine Pläne nimmt der Vordenker mit. Es dauert bis 1855, bis ein britischer Erfinder die Idee vom Schildkrötenfahrzeug aufgreift. Im Ersten Weltkrieg kommt der Kettenantrieb hinzu. Panzer werden zum Krieg entscheidenden Mittel.

Über 500 Jahre nach dem historischen Bewerbungsschreiben stehen die skizzierten Visionen von Leonardo da Vinci auf dem Prüfstand. Der Brite Adrian Nicholas baut im Jahr 2000 einen pyramidenförmigen Fallschirm nach und springt aus 2000 Metern Höhe über Afrika ab. Das 90 Kilo schwere Gestell aus Pinienholz und Baumwolle fällt, Luft strömt von unten in die Öffnung, das weiße Leinentuch bläht sich auf und bremst den freien Fall. Nicholas schwebt und strahlt in die Minikamera: »Danke, Leonardo!«

In der Lagune von Venedig drückt der amerikanische Elitesoldat Scott Cassell die Daumen. Seine Umsetzung von Leonardos Taucheranzug verschwindet mit der Extremsportlerin Jacquie Cozens im Wasser. Die Erfindung funktioniert. Die Taucherin kann im Anzug über den Meeresboden spazieren und mithilfe eines Korkschwimmers tatsächlich atmen.

Die beiden Beispiele sind keine Einzelfälle. Überall auf der Welt werden die Maschinen des Genies nachgebaut, oft mit Erfolg. Im Gegensatz zu vielen seiner militärischen Entwürfe. Für eine Fernsehproduktion wurde vor ein paar Jahren etwa die Riesenarmbrust realisiert. Beim Test durch die Spezialisten der britischen Artillerie verließen die Steinkugeln, die nach Leonardos Berechnungen über 200 Meter weit fliegen sollten, kaum das Geschütz. Auf einem Schlachtfeld der Renaissance hätte sich der Gegner höchstens totgelacht. Und der Panzer »Leo I«? Er wäre noch nicht einmal gefahren. Setzt man die Pläne des Erfinders genau um, hätten sich Vorder- und Hinterrad entgegengesetzt bewegt.

Ging es Leonardo da Vinci am Ende gar nicht darum, Waffen zu liefern, die wirklich funktionierten? Genügte es dem technikbegeisterten Menschenfreund, seinen Auftraggeber zu beeindrucken und die Fantasie zu beflügeln? Das konnte der begabteste Zeichner seiner Generation meisterhaft. War sein Arsenal des Schreckens also eine bewusste Kopfgeburt? Die Antworten auf diese Frage kennt nur der Meister selbst. Und vielleicht sein bekanntestes Porträt, die Mona Lisa. Ob das der Grund für ihr geheimnisvolles Lächeln ist?

{Ralph Erdenberger}

8.

1637: Schwer verzockt
Die Tulpen-Finanzkrise in Holland

Der Absturz beginnt an einem ganz gewöhnlichen Dienstag im Februar: In Haarlem trifft sich eine Gruppe von Spekulanten in einer Schänke, um mit Optionsscheinen auf Tulpenzwiebeln zu handeln. Seit Monaten sind die Preise gestiegen, immer höher und höher, ins schier Unermessliche. Und mit ihnen stieg die maßlose Gier. Besondere Sorten wie die rot-weiß geflammte »Semper Augustus« bringen inzwischen bis zu 10 000 Gulden pro Zwiebel. Für diese Summe könnte man ein Stadthaus an einer der vornehmsten Grachten Amsterdams kaufen. Ein Zimmermann müsste dafür gut 40 Jahre lang arbeiten. Kein Wunder also, dass die Hoffnung auf schnelles Geld wie ein Fieber um sich gegriffen hat.

Die schwarz gekleideten Männer, die im Hinterzimmer der Kneipe vor ihren Bierhumpen hocken und Tabak aus langen Tonpfeifen rauchen, erwarten auch für diesen Tag ein fettes Geschäft. Der Auktionator bietet Zwiebeln einer seltenen Sorte an, für angemessene 1250 Gulden. Normalerweise hätte er jetzt sofort ein paar Käufer gefunden, die sich hektisch gegenseitig überboten hätten. An diesem

Morgen bleibt es allerdings ruhig. Keiner der Männer will ein Angebot machen. Der Auktionator versucht es ein zweites Mal für einen geringeren Betrag, ein drittes Mal für 1000 Gulden – doch niemand interessiert sich für seine Tulpen. Totenstille tritt ein, die sich bald schon in wildem Geschrei auflöst. Blitzartig wird den Männern klar, was da gerade passiert: Die Spekulationsblase ist geplatzt.

Rasend schnell verbreitet sich die Neuigkeit in den Schänken der Stadt. Jeder Spekulant will nur noch verkaufen. Aber niemand kauft. Es dauert nicht lange, bis die Panik ganz Holland erfasst hat. Die Preise für Tulpenzwiebeln stürzen überall ins Bodenlose. Bereits vier Tage später, am 7. Februar 1637, muss den meisten Beteiligten klar gewesen sein, dass die »Tulpomanie« zu Ende ist: Die aufgeschreckten Züchter der verschiedenen Provinzen einigen sich an diesem Tag auf ein großes Treffen in Amsterdam, um den Schaden zu begrenzen. Für zahlreiche Spekulanten ist es allerdings zu spät – sie haben ein Vermögen verloren. Dabei hatte es genug Warnungen vor dem Tulpenwahn gegeben. Doch die Verlockung, schnell zu Reichtum zu kommen, war für viele zu groß. So führte der Tulpenwahn zum ersten »Finanzcrash« der Geschichte.

Wie groß der Schaden für die Wirtschaft der Niederlande insgesamt war und wie viele tatsächlich an der Spekulation beteiligt waren, ist bis heute umstritten. Es gibt nur wenige zuverlässige Quellen, dafür aber eine Fülle von Pamphleten und Flugschriften, die schon im 17. Jahrhundert die Tulpen-Spekulation als unmoralisch verdammten. In neueren Studien wird die Bedeutung dieser Krise eher heruntergespielt. Dennoch gilt die »Tulpomanie« noch immer als Musterbeispiel für die Irrationalität der Spekulationsmärkte. Die wahnwitzig hohen Preise für Blumenzwiebeln, die noch in der Erde liegen und von denen keiner weiß, was für eine Pflanze genau herauskommen wird, erinnern zwangsläufig an die Finanzblasen, windigen Geschäfte oder faulen Hypotheken unserer Tage. Der Traum vom schnellen Reichtum zerplatzte beim Zusammenbruch des Neuen Marktes ebenso wie im Holland des Tulpenwahns.

Das Spekulationsfieber fiel in jene goldenen Jahre, in denen die Republik der Sieben Vereinigten Niederlande eine ungeheure wirtschaftliche und kulturelle Blüte erlebte. Die Tulpen dieser Zeit waren selten, kostbar und von ungewöhnlicher Schönheit – sie eigneten sich also wunderbar als Statussymbole für neureiche Pfeffersäcke, die nicht wussten, was sie mit ihrem vielen Geld anfangen sollten. Die holländischen Aufsteiger waren allerdings nicht die Ersten, die dem Charme der Tulpe verfielen: Als sie sich anschickte, das sonst so vernünftige Volk der Niederlande in Raserei zu versetzen, hatte die Schöne aus dem Morgenland bereits eine abenteuerliche Geschichte hinter sich. Sie stammt aus einer der ödesten Gegenden der Welt – aus den Steppen und Hochtälern im Herzen Asiens. Kurz und kompakt ist diese wilde Tulpe, doch sie leuchtet in einem intensiven Rot. So rot wie das Blut auf den Schlachtfeldern. Deshalb wurde das kleine Zwiebelgewächs schon von den kriegerischen Stämmen dieser wüsten Gegend verehrt. Um das Jahr 1050 finden sich die ersten Tulpen in den Gärten der alten persischen Hauptstadt Isfahan. Sie gelten als Sinnbild unsterblicher Liebe. Noch im 17. Jahrhundert berichtet ein Reisender aus Persien: »Wenn ein Jüngling seiner Angebeteten eine Tulpe schenkt, dann zeigt er ihr durch die Farbe der Blume, wie sehr er für ihre Schönheit entflammt ist, und der schwarze Grundfleck offenbart, dass sein Herz zu Asche verbrannt ist.«

Über Persien gelangt die Pflanze an den Bosporus, wo sie die Herrscher des Osmanischen Reiches betört. Die Türken sind ohnehin leidenschaftliche Gärtner – schließlich steht ein Garten im Mittelpunkt ihrer Vorstellung vom Paradies. Doch von allen Blumen gilt die Tulpe als die göttlichste. Lâle heißt sie, die rote Blume. Sie avanciert zum Liebling der Sultane, die sie auch schon mal in melancholischen Gedichten besingen: »Gieß mir Wein ein, Lakai, denn eines Tages wird der Tulpengarten zerstört sein; bald kommt der Herbst, und Frühling gibt es keinen mehr.« Süleyman der Prächtige, der 1520 den Thron besteigt, lässt seine Brokatgewänder mit Tulpenmotiven besticken. Selbst der goldene Kopfharnisch seines Pferdes ist mit einer Tulpenabbildung verziert. Außerdem tauchen Tulpen auf Fliesen und Keramiken auf. Zu dieser Zeit entstehen auch die ersten Züchtungen: Sie tragen Namen wie »Licht des Paradieses«, »Unvergleichliche Perle« oder »Die mir das Herz verbrennt«. Die Blumen sind so kostbar, dass sie nur im innersten, geheimsten Garten des Topkapi-Palastes gepflanzt werden, im Herzen der Macht. Einer der ersten Europäer, der auf die Tulpe trifft, ist der Flame Ogier Ghislain de Busbecq. Als Gesandter des römisch-deutschen Königs und späteren Kaisers Ferdinand I. reist er 1554 in die Türkei, um mit Süleyman Friedensverhandlungen zu führen. In seinen in Briefform verfassten Erinnerungen berichtet er später von exotischen Pflanzen, die bisher im Abendland unbekannt waren: »Auf unserem Weg wurden uns überall Blumen angeboten – Narzissen, Hyazinthen, auch solche, die die Türken Tulipan nennen. Die Tulpen duften überhaupt nicht oder nur sehr schwach. Sie werden mehr um der Vielfalt und Schönheit ihrer Farben willen geschätzt.«

Busbecq soll vom Sultan persönlich ein paar der wertvollen Zwiebeln geschenkt bekommen haben. Er nimmt sie mit nach Wien, wo sie in den kaiserlichen Gärten angepflanzt werden. Etwa zur gleichen Zeit müssen auch Kaufleute die Pflanze nach Europa gebracht haben: 1559 entdeckt der Schweizer Naturforscher Conrad Gesner im Garten eines Augsburger Bankiers eine ihm unbekannte rote Blume, die er als Tulipa Turcarum betitelt. In den kaiserlichen Gärten in Wien trifft der Gelehrte Carolus Clusius auf die Tulpe. Clusius, der ab 1573 Hofbotaniker Maximilians II. ist, gilt als bedeutendster Botaniker des 16. Jahrhunderts – auch wenn es die Botanik streng genommen noch gar nicht gibt. Der hochgebildete Flame hat sein ganzes Leben der Erforschung der Pflanzen gewidmet. Für seine Studien hat er bereits beschwerliche Reisen kreuz und quer durch Europa in Kauf genommen. Von der türkischen Tulipan ist der Gelehrte besonders fasziniert: Clusius legt eine Sammlung an, katalogisiert und klassifiziert die einzelnen Sorten und verschickt Samen und Zwiebeln an Freunde in ganz Europa. 1593 gelingt es der neuen Universität Leiden, diesen berühmten Pflanzen-Promi nach Holland zu locken. Leiden ist die bisher einzige Universität der Vereinigten Niederlande. Nach dem erfolgreichen Aufstand der sieben nördlichen Provinzen gegen Spanien erlebt die junge Republik in diesen Jahren einen ungeheuren Aufschwung: Der Überseehandel boomt und macht die Niederländer zum reichsten Volk Europas.

Das Goldene Zeitalter lässt nicht nur Wissenschaften und Künste erblühen, sondern auch die Liebe zur Tulpe. Clusius hat seine wertvolle Sammlung mit nach Leiden gebracht und dort im »Hortus botanicus« eingepflanzt. Bald schon kann er sich vor Anfragen nach den exotischen Blumen kaum noch retten. Es entstehen Zirkel von Blumenfreunden, gebildete und wohlhabende Leute allesamt, die die Tulpen-Liebhaberei zu ihrem exklusiven Hobby machen. Von Anfang an gilt die Tulpe als etwas Besonderes. Ihre Fans schwärmen von den vielen verschiedenen Farben und Formen, die sie hervorbringen kann. Außerdem ist die Schöne kapriziös: Schnell holt sie sich eine Krankheit, verkümmert oder verfault. Um sie aus Samen zu ziehen, braucht man Jahre, und die Vermehrung über Tochterzwiebeln bringt nur eine sehr überschaubare Anzahl von Pflanzen hervor. So bleibt sie rar und kostbar – ein begehrtes Prestigeobjekt für die Spitzen der Gesellschaft.

Die holländische Upperclass hat nämlich ein Problem: Sie darf ihren Reichtum nicht wirklich zur Schau stellen. In den Niederlanden herrscht die strengste Form des Calvinismus. Tagein, tagaus ist die Schickeria in schwarzes Tuch gekleidet, von weißen Kragen oder Hauben mal abgesehen. Jeder Schmuck, jede Extravaganz ist verpönt. Also investieren die finanzkräftigen Bürger in Kunst und exotischen Krimskrams. Wunderkammern und Kuriositätenkabinette kommen in Mode, in denen Muscheln, ausgestopfte Tiere, getrocknete Fische, Mineralien oder eben Pflanzen präsentiert werden. Diese Sammlungen führt der betuchte Kaufmann seinen Freunden und Geschäftspartnern vor, um ganz unauffällig die eigene Weltoffenheit, Kultiviertheit und Finanzkraft zu demonstrieren. Eine andere Möglichkeit, dezent zu protzen, bieten die Privatgärten vor der Stadt, die in diesen Jahren etwa in Haarlem einen regelrechten Boom erleben. Der unbestrittene Star in jedem Blumengarten ist natürlich die kostbare Tulipan.

Weil der alte Clusius seine Pflanzen nicht herausrücken will, suchen manche der reichen Tulpenfanatiker nach anderen Wegen: Sie schicken Auftragsdiebe in seinen Garten.

Immer mehr der kostbaren Zwiebeln verschwinden über Nacht. Für Clusius ist der Tulpendiebstahl alles andere als komisch. Der Gelehrte soll darüber so verbittert gewesen sein, dass er sich am Ende gar nicht mehr um seine Tulpen gekümmert hat. Ihr Siegeszug ist dennoch nicht mehr aufzuhalten, zumal jetzt immer neue Spielarten entstehen. Um 1630 sind bereits über 500 unterschiedliche Sorten bekannt. Während die Liebhaber ihre Schätze noch untereinander getauscht haben, sind mittlerweile zunehmend Händler auf den Plan getreten, die die begehrten Pflanzen verhökern.

Die Status-Tulpen des Goldenen Zeitalters sind Exemplare von außerordentlicher Eleganz, mit gefransten, geflammten oder gesprenkelten Blättern in den unterschiedlichsten Farbschattierungen. Dabei sind gerade die prächtigsten Exemplare krank – der sogenannte Mosaikvirus, der von Blattläusen übertragen wird, ist für ihre fantastischen Flammenmuster verantwortlich. Deshalb lassen sie sich nur schwer nachzüchten und bleiben rare Kostbarkeiten. Als Schönste der Schönen wird die »Semper Augustus«, die »Immer Erhabene«, gefeiert. Der Chronist Nicolas Wassenaer schreibt 1625 über sie: »Unter den vielen wertvollen Vertretern dieser Blumenart gibt es dieses Jahr eine, die alle anderen an Schönheit überragt, weswegen sie auch den Namen Semper Augustus trägt. Die Blüte besitzt eine bläuliche Basis, sie ist weiß mit Karmesinrot und hat eine Flamme, die bis in die Spitzen der Blütenblätter reicht. Nie hat ein Blumenliebhaber eine schönere als diese gesehen.«

Die »Semper Augustus« ist allerdings so selten, dass sie kaum einer je zu Gesicht bekommen hat. Doch auch andere Sorten bringen einen ordentlichen Batzen ein. So sollen Zwiebeln der Sorte »Viceroy« für immerhin 2500 Gulden pro Stück verkauft worden sein. Ein Flugblatt von 1636 listet auf, was für eine unvorstellbare Menge an Waren man dafür bekommen hätte: »120 Scheffel Weizen, 240 Scheffel Roggen, acht fette Schweine, vier fette Ochsen, zwölf fette Schafe, zwei große Fässer Wein, vier Fuder Bier, zwei Fässer Butter, 1000 Pfund Käse, einen silbernen Trinkbecher, einen Anzug, ein Bett.«

Das geringe Angebot bei steigender Nachfrage treibt die Preise immer weiter in die Höhe. Wie eine Seuche breitet sich der Tulpenfimmel über das Land aus. Zunächst werden die Zwiebeln nach der Blüte im Sommer noch direkt von den Züchtern verkauft. Doch bald schon geht es um Besitzrechte an Tulpen, die auf Papieren bescheinigt werden. Damit ist der Handel ganzjährig möglich – und wird zum Spekulationsgeschäft. Während die Zwiebel irgendwo in der Erde liegt, wandern die Anteilscheine von Hand zu Hand und steigen dabei ständig im Wert. Ein reiner Windhandel, doch die Gier nach schnellem Geld erfasst ab 1633 immer weitere Kreise. Schließlich hört man häufig von Leuten, die durch den Tulpenhandel unvorstellbar reich geworden sein sollen. Spelunken werden zu Tulpenbörsen umfunktioniert. Zocker und Glücksritter, die sich selbst »Floristen« nennen, kaufen und verkaufen in den verräucherten Schankkollegien vom Morgen bis spät in die Nacht. Glaubt man den Pamphleten, dann haben grundsolide Bürger ihr Hab und Gut verpfändet, um sich an den Spekulationen zu beteiligen: »Die gesamte Bevölkerung ist infiziert«, heißt es in einer zeitgenössischen Flugschrift, »Fleischer, Torwächter, Schiffsmakler, Gastwirte, Studenten, Barbiere, Schornsteinfeger, Steuereintreiber, Torfstecher – nicht eine Gesellschaftsschicht bleibt ausgespart.« In den neueren Untersuchungen wird das jedoch angezweifelt; danach soll sich das Spekulationsfieber vor allem auf wohlhabende Kreise wie Kaufleute, Handwerksmeister, Ärzte oder Apotheker beschränkt haben.

Anfang 1637 erreicht die Tulpenmanie ihren Höhepunkt – und die Spekulation wird zur Raserei. Doch nicht alle verfallen dem Wahn: Es gibt eine Vielzahl von Flugschriften, die sich über das Spekulationsfieber lustig machen oder es als gottlos verdammen. Sie tragen Titel wie »Der Untergang der großen Gartenhure, der Schurkengöttin Flora« und warnen vor der unchristlichen Gier. Die Mahner behalten recht. Im Februar platzt die Blase, und der Markt bricht zusammen. Der Wert der Zwiebeln sinkt rasend schnell um rund 95 Prozent. Zahlreiche »Tulpianer« sind ruiniert. So soll der angesehene Leidener Maler Jan van Goyen es bis zu seinem Tod 20 Jahre später nicht geschafft haben, die Schulden aus dem Tulpencrash abzuarbeiten. Auch wenn nicht eindeutig geklärt werden kann, wie groß das Ausmaß des Schadens tatsächlich war, muss die Tulpenmanie die niederländische Gesellschaft doch nachhaltig erschüttert haben. Dass dieses grundsolide Volk so außer Rand und Band geraten konnte, irritierte schon die Zeitgenossen maßlos. Zahlreiche Bilder entstehen, die die »Hurengöttin« Flora aufs Korn nehmen: »Floras Narrenwagen« etwa zeigt die Göttin mit Tulpen in der Hand auf einem Karren zusammen mit ihren närrischen Anhängern, die Namen wie »Lügenmaul«, »Gernereich« oder »Eitle Hoffnung« tragen. Sie steuern aufs Meer zu, dem sicheren Untergang entgegen. Jan Breughel der Jüngere malt in seiner Persiflage auf den Tulpenwahn eine Horde von Affen in Menschenkleidern, die mit den Blumen handeln und übers Ohr gehauen oder in den Ruin getrieben werden.

Die Tulpe selbst hat den ganzen Wahnsinn unbeschadet überstanden, sie blieb die Lieblingsblume der Holländer. Bis heute sind die Niederlande das Zentrum der Tulpenzucht, und jedes Frühjahr blühen wieder rund zwei Milliarden Tulpen zwischen Alkmaar und Leiden – banale einfarbige Exemplare zumeist, die mit ihren legendären Vorgängern nicht mehr viel gemeinsam haben. Inzwischen ist es in den Niederlanden streng verboten, virusinfizierte Tulpen ins Freiland zu pflanzen, da die Züchter um ihre Massenproduktion fürchten. Die Nachfolgerin der »Semper Augustus« heißt »Marilyn«. Sie ist zwar ebenfalls rotweiß gestreift, doch gegen die exquisite Schönheit des Goldenen Zeitalters wirkt sie wie ein billiges Flittchen.

{ Christiane Kopka }

9.

1680: Satanskult und Erbschaftspulver

Das Hexen-Netzwerk von Paris

Die Marquise de Sévigné ist entsetzt. Trotzdem kann sie ihren Blick nicht abwenden von dem Schauspiel, zu dem sich die ganze Stadt versammelt hat. Auf der Place de Grève ist ein großer Holzstoß errichtet worden. Hier soll an diesem Februar-Nachmittag des Jahres 1680 eine Frau verbrannt werden: La Voisin, die »Hexe von Paris«. Zusammen mit ihren eleganten Freundinnen hat sich Madame de Sévigné durch die überfüllten Gassen gequetscht, um einen möglichst nahen Blick auf die Delinquentin zu erhaschen. Die Damen werden nicht enttäuscht: Kurz nach fünf Uhr rumpelt der Schinderkarren mit der berüchtigten Giftmischerin an ihnen vorüber. Die Voisin trägt ein grobes Büßerhemd. Ihr Kopf ist puterrot, zornig stößt sie das Kruzifix des Beichtvaters zurück. Die Hexe weiß eben, was sie ihrem Ruf schuldig ist.

Ein Raunen geht durch die Menge, als sich La Voisin vor Notre-Dame weigert, Abbitte zu leisten. Auf dem Hinrichtungsplatz wehrt sie sich mit Händen und Füßen dagegen, vom Karren gezerrt zu werden. Es nützt ihr wenig. Gleich am nächsten Tag schreibt Madame de Sévigné in einem ihrer Briefe an die Tochter in der Provinz: »Man zog sie mit Gewalt heraus und brachte sie auf den Holzstoß, band sie mit eisernen Ketten fest und bedeckte sie mit Stroh. Sie fluchte drauflos, stieß fünf- oder sechsmal das Stroh weg, aber schließlich loderte das Feuer auf, und sie ward nicht mehr gesehen. Ihre Asche fliegt jetzt in der Luft herum. So also starb Frau Voisin, berühmt für ihre Verbrechen und ihren heidnischen Unglauben.«

Knapp ein Jahr zuvor war die Wahrsagerin verhaftet worden, und seitdem brodelt die Gerüchteküche. Man flüstert von schwarzen Messen und Kinderopfern, von Liebestränken aus Maulwurfskadavern und Taubenblut, von Abtreibungen und Beschwörungen – vor allem aber von »Erbschaftspulvern«, die so manchen hohen Herrn, manch ungeliebte Gattin vorzeitig ins Grab befördert haben sollen. Die Giftaffäre, in der die Voisin eine Hauptrolle spielt, wirft dunkle Schatten auf den strahlenden Hof des Sonnenkönigs.

Zu dieser Zeit steht Ludwig XIV. auf dem Höhepunkt seiner Macht. Der einst so aufmüpfige Adel hält sich – zumindest nach außen – an die Spielregeln des Königs. Die größenwahnsinnigen Inszenierungen Ludwigs blenden ganz Europa, und vor den Toren von Paris entsteht das Märchenschloss Versailles. Doch hinter der glanzvollen Fassade gärt es. In der streng hierarchischen Welt des Hofadels ist die Hölle los. Einige Hundert Akteure, die sich alle gut kennen und ständig aufeinanderhocken, kämpfen verbissen um Privilegien und Posten. Schon winzige Details sind von Bedeutung: Ob für einen Höfling nur ein oder beide Flügel einer Tür geöffnet werden, ob er bei Audienzen stehen muss oder auf einem Höckerchen sitzen darf, ob bei Reisen des Hofes an seinem Appartement

»Pour Monsieur de …« oder nur »Monsieur de …« steht – all das kann ihn weit über die anderen erheben oder in einen Abgrund der Bedeutungslosigkeit stürzen. Ludwig gibt in diesem Affentheater den Takt an und entscheidet über jedes noch so lächerliche Privileg. Doch ist er wirklich der allmächtige Herrscher, für den ihn die Nachwelt lange gehalten hat? Die neuere Absolutismus-Forschung sieht den Sonnenkönig in einem anderen Licht. Ihr zufolge ist er genauso verstrickt in die Spielregeln des Hofsystems wie seine Adelselite. Ludwig muss ununterbrochen Kriege führen, damit die hohen Herren eine standesgemäße Betätigung haben. Er muss Ämter vergeben, die ihnen die Nähe zur Macht ermöglichen, muss horrende Summen für die Hofhaltung ausgeben, um ihnen den passenden Rahmen zu bieten. Nur so spielen sie mit in seiner Inszenierung und akzeptieren seine Rolle als gottgleicher Sonnenkönig. Gleichzeitig schotten ihn die Hofschranzen vom Rest der Bevölkerung ab. Ohne ihre Vermittlung ist es kaum noch möglich, an den Monarchen heranzukommen.

So hierarchisch wie der Hof sind auch die einzelnen Adelsfamilien strukturiert – und ähnlich vergiftet ist dort die Atmosphäre. Schließlich hängen die Karriere und das Lebensglück eines Sohnes davon ab, ob er an erster Stelle geboren wird und den ganzen Besitz erbt oder ob man ihn als Zweitgeborenen in die kirchliche Laufbahn abschiebt. Außerdem gibt es jede Menge Paare, die miteinander vermählt sind, sich aber auf den Tod nicht ausstehen können. Und zahlreiche Verwandte, die mit ein wenig Gift ihren Lebensstandard deutlich verbessern könnten …

Zu den unglücklich verheirateten Damen gehört die Marquise de Brinvilliers – und mit ihr beginnt eine bizarre

Affäre. Der Vater der Marquise ist Zivilleutnant von Paris und bekleidet damit einen der höchsten Posten in der Justiz. Weil er sich über ihre Liebschaft mit einem Glücksritter empört, vergiftet ihn die Tochter kurzerhand mithilfe ihres Lovers. Anschließend bringt sie aus Geldgier auch noch ihre beiden Brüder um. Als jedoch der Liebhaber der Dame überraschend stirbt und man in seiner Wohnung Giftfläschchen und kompromittierende Briefe findet, fliegt die Brinvilliers auf. Sie wird 1676 zum Tode verurteilt und auf der Place de Grève enthauptet. Die emsige Briefautorin Madame de Sévigné, schon bei dieser Hinrichtung in der ersten Reihe dabei, schreibt an ihre Tochter: »Ihr armer kleiner Körper wurde in einem großen Feuer verbrannt und die Asche in der Luft zerstreut, sodass wir sie jetzt einatmen, und durch die Einwirkung kleiner Kobolde könnten vergifterische Gelüste über uns kommen, über die wir alle sehr erstaunt wären.«

Auch ohne kleine Kobolde löst der Fall Brinvilliers einen Schock aus. Bisher hielt man in Paris Giftmorde für eine Spezialität der Italiener. Dass nun eine Französin und darüber hinaus eine Dame der besten Gesellschaft so skrupellos ihre Familienmitglieder gemeuchelt hat, lässt auch andere Todesfälle seltsam erscheinen. Gerüchte um weitere Giftmorde in der High Society machen die Runde. In dieser aufgeheizten Stimmung hört ein Anwalt zufällig bei einem Essen, wie sich seine Tischnachbarin damit brüstet, dass sie nur noch drei Leute vergiften müsse, um sich zur Ruhe setzen zu können. Umgehend informiert er den Polizeichef von Paris, Nicolas de La Reynie. Ludwig hat diesen überaus fähigen Mann einige Jahre zuvor zum ersten »lieutenant général de police« ernannt und ihn mit der Bekämpfung der Kriminalität in der Stadt beauftragt.

La Reynie stürzt sich jetzt höchstpersönlich in die Ermittlungen.

Schnell stößt er auf einen Sumpf, den niemand für möglich gehalten hätte. Im Paris des Sonnenkönigs hat sich ein Hexen-Netzwerk etabliert, das bis in die höchsten Kreise operiert; eine obskure Gesellschaft aus Wahrsagerinnen, Zauberern, Satansjüngern und Giftmischern, die zwielichtige Dienstleistungen aller Art anbietet – besonders für die zahlungskräftige Oberschicht. Im Zentrum dieses Netzes hockt wie eine dicke Spinne Catherine Montvoisin, genannt La Voisin.

Man weiß nicht sehr viel über diese Frau. Geboren um 1640, soll sie schon als Kind ihr Talent zur Wahrsagerei entdeckt haben. Sie ist die Ehefrau eines verkrachten Handwerkers, der es mal als Juwelier und mal als Hutmacher versucht hat, ohne damit sonderlich erfolgreich zu sein. Die beiden können einander zwar nicht ausstehen, haben aber dennoch eine große Kinderschar. Um die vielen Mäuler zu stopfen, baut sich Catherine ein kleines Unternehmen auf: als Wahrsagerin, Handleserin, Verkäuferin von Zaubermitteln, Giftbeschafferin und Organisatorin schwarzer Messen. Das Geschäft boomt. Die Kundschaft steht schon frühmorgens vor ihrem Haus am Stadtrand Schlange.

Madame Voisin muss eine Frohnatur gewesen sein. Sie habe jeden Abend fröhliche Gelage gefeiert, berichten Zeugen, stets reichlich Wein getrunken und eine große Zahl von Liebhabern gehabt, darunter den Zauberer Lesage. Um sich als Hexenkönigin in Szene zu setzen, scheut die Voisin keine Kosten. So lässt sie sich ein schwarzes Samtgewand mit goldenen Verzierungen für den stolzen Preis von 15 000 Livres anfertigen – eine Summe, von der ein mittlerer Edelmann in Paris ein Jahr lang in großem Stil leben kann.

Im März 1679 werden die Voisin, ihr Liebhaber Lesage sowie zwei abtrünnige Priester verhaftet. In den Verhören beschuldigen sich die Gefangenen gegenseitig und erzählen immer wüstere Geschichten: von schwarzen Messen, die auf den Bäuchen nackter Frauen abgehalten worden seien, von rituellen Kindermorden, von Zaubertränken gräulichster Art. Da ein Teil der Aussagen durch die Folter erpresst wird, ist ihr Wahrheitsgehalt allerdings zweifelhaft. Die Verhafteten deuten aber auch immer wieder Kontakte zu den höchsten Kreisen an. Und obwohl sie zunächst keine Namen nennen, wird die Affäre damit ständig brisanter. Der schockierte König setzt im April 1679 eine Sonderkommission ein, die »Chambre ardente«. Sie soll unerbittlich ermitteln und auch vor der Hofgesellschaft nicht haltmachen. Erste Damen und Herren des Adels fliehen ins Ausland, andere begeben sich freiwillig in die Bastille.

Noch heikler wird die ganze Angelegenheit, als am Hof zwei verfeindete Parteien versuchen, die Giftaffäre für ihre Interessen zu nutzen. Unter Ludwigs engsten Mitarbeitern gibt es zwei Männer, die einander hassen: den Kriegsminister Louvois und den Finanzminister Colbert. Nachdem es Louvois gelungen ist, den Vorsitz der Sonderkommission zu ergattern, setzt er alles daran, Colbert und dessen Verbündete in Verdacht zu bringen. Zu Colberts Team gehört auch Madame de Montespan, die offizielle Mätresse des Königs. Seit über zehn Jahren behauptet sie ihre Position an Ludwigs Seite und hat ihm immerhin schon sieben Kinder geschenkt.

Die Marquise stammt aus einer der vornehmsten Familien des Landes. Sie gilt als überaus geistreich, aber auch als unerträglich arrogant und herrisch. Ein Chronist beschreibt sie wenig schmeichelhaft: »Die Marquise von Montespan war bösartig, launenhaft und sehr von ihrer Stimmung abhängig; dazu war sie von maßlos hochfahrendem Wesen, unter dem jeder, und der König genauso wie alle anderen, zu leiden hatte. Die Höflinge vermieden es, unter ihren Fenstern vorbeizugehen, vor allem wenn der König bei ihr war. Sie verschonte nämlich niemanden, und sehr oft ohne andere Absicht, als den König zu amüsieren, und da sie unendlich viel Klugheit, Ausdrucksgewandtheit und feine Ironie besaß, war es überaus gefährlich, von ihr lächerlich gemacht zu werden.«

Zur Zeit der Giftaffäre hat die Favoritin gerade das höchste Hofamt erhalten, das für eine Frau vorgesehen ist: den Posten der Oberaufseherin im Haushalt der Königin. Dabei geht sie Ludwig eigentlich schon auf die Nerven mit ihren Launen und maßlosen Forderungen, außerdem ist sie nach den vielen Schwangerschaften ungeheuer dick geworden. So konnte der Kriegsminister Louvois einen blonden Teenager als Zweit-Mätresse platzieren, ein engelhaftes, unbedarftes Geschöpf, das den König erfolgreich umgarnt.

Eine Verstrickung der Montespan in die Giftaffäre käme dem Kriegsminister jetzt sehr gelegen. Es würde ihren endgültigen Sturz bedeuten und damit auch die Macht seines Rivalen Colbert schwächen. Von der Voisin erfährt man allerdings nicht viel über ihre hochwohlgeborene Kundschaft – obwohl es Polizeichef La Reynie im Guten wie im Bösen versucht. Madame de Sévigné, wie immer verblüffend gut informiert, beschreibt die merkwürdigen Haftbedingungen der Giftmischerin: »Um Mitternacht saß sie mit ihren Wärtern, trank viel Wein und sang zwanzigerlei Trinklieder. Am Dienstag wurde sie im ersten und im zweiten Grad gefoltert. Sie hatte acht Stunden geschlafen und mit Appetit zu Mittag gegessen. Es herrscht weiterhin der Glaube, man werde noch sehr seltsame Dinge erfahren.«

Nach fast einem Jahr in Haft wird La Voisin im Februar 1680 als Giftmörderin zum Tode verurteilt und verbrannt. Damit ist die Affäre allerdings noch lange nicht beendet. Nach dem Tod ihrer Mutter beschließt die Tochter der Voisin plötzlich, vor der Sonderkommission auszusagen. Marie Montvoisin nennt Namen – und sie belastet vor allem eine Person: die Marquise de Montespan. Es ist nie geklärt worden, wie weit die Mätresse wirklich gegangen ist. Nach Marie Montvoisin soll sie sogar an schwarzen Messen teilgenommen haben, die ein frevelhafter Priester auf ihrem nackten Körper zelebriert habe. Als sicher gilt, dass sie über ihre Kammerzofe Kontakt zur Voisin hatte und sich bei ihr »Liebespulver« für den König besorgt hat, um ihn durch Zauberkraft an sich zu fesseln. Diese Mixturen könnten auch die rätselhaften Kopfschmerzen und Beschwerden erklären, die Ludwig in den letzten Jahren immer wieder gequält haben.

Der König steckt jetzt in einer echten Zwickmühle. Ihm graut geradezu vor seiner Mätresse, vor den widerlichen Substanzen, die sie ihm ins Essen gemischt haben könnte. Auf der anderen Seite kann er sie nicht vor Gericht bringen, ohne sich selbst zu blamieren. Er, der absolute Herrscher, die Sonne Frankreichs, teilt jahrelang das Bett mit einer potenziellen Teufelsanbeterin. Was für ein Skandal! Der Ruhm und das Ansehen des Königtums wären bedroht, sollten solche Dinge an die Öffentlichkeit dringen.

Und dann sind da noch die Kinder der Montespan, die er zur Demonstration der eigenen Macht in den höchsten Adel erhoben hat. Auch in deren Interesse darf er die Marquise nicht öffentlich an den Pranger stellen – egal, was sie auch getan haben mag. Sie wird nicht einmal vom Hof verbannt. Madame de Montespan muss vielmehr in den nächsten Jahren in immer schäbigere Zimmer ziehen und die Schmach erleben, dass sie allmählich in Vergessenheit gerät.

Während man Figuren aus dem Volk wie die Voisin ohne Zögern verbrennt, kommen die adeligen Beschuldigten mehr oder weniger glimpflich davon. Bei einigen erweisen sich die Vorwürfe als haltlos, bei anderen wird nicht so genau nachgebohrt. Die meisten nehmen die Untersuchungskommission ohnehin nicht besonders ernst. Eine Herzogin, die im Verdacht steht, bei der Voisin Gift für ihren langweiligen alten Mann geordert zu haben, erscheint in großer Robe zum Verhör, den Gatten am einen, den Geliebten am anderen Arm. Als La Reynie sie fragt, ob sie dem Teufel begegnet sei bei einer der Beschwörungen, antwortet sie schnippisch, sie habe ihn gesehen und er sei genauso hässlich wie der Polizeichef. Der Hochadel, der täglich beim König ein und aus geht, weiß eben um seine Macht und seinen Einfluss: Ludwig kann sich dieser Leute nicht entledigen, ohne selbst an Ansehen zu verlieren.

Heimlich, still und leise wird die Sonderkommission aufgelöst und die ganze Affäre unter den Teppich gekehrt. Polizeichef La Reynie zieht Bilanz: 210 Sitzungen, über 300 Verhaftete. Da man jetzt keinen Giftmischer mehr hinrichten kann, ohne Aufsehen zu erregen, werden die restlichen Beteiligten deportiert oder eingekerkert. 1682 ist alles vorbei. Madame de Sévigné schreibt an ihre Tochter: »Die Giftaffäre ist im Sand verlaufen. Sie können sich darüber Ihre eigenen Gedanken machen, wie wir auch.«

{ Christiane Kopka }

10.

1709: Dagobert Duck von Sachsen

August der Starke und sein Juwelenfimmel

August der Starke wird schwach. Etwas so Hinreißendes hat er noch nie gesehen: Vor einer juwelenübersäten Kulisse aus Silber und Gold hockt ein etwa daumengroßer Herrscher auf seinem Thron. 136 kleine Goldfiguren marschieren vor ihm auf, allesamt kunstvoll emailliert: die Würdenträger des Reiches, begleitet von Dienern, die kostbare Geschenke schleppen. Sogar Kamele und Elefanten tummeln sich in der märchenhaften Szenerie. Der Kurfürst kann seine Augen gar nicht abwenden von dem Prunkstück, das ihm sein Hofgoldschmied da präsentiert. Sieben Jahre hat Johann Melchior Dinglinger auf eigene Kosten an diesem Luxusspielzeug gearbeitet, zusammen mit seinen beiden Brüdern und zwölf Gesellen. Über 5000 Diamanten hat er eingesetzt, dazu Rubine, Smaragde und Perlen. »Der Hofstaat zu Delhi am Geburtstag des Großmoguls Aureng-Zeb« ist ein Wunderding von so verschwenderischer Pracht, dass es im ganzen prunksüchtigen Europa des Barock nichts Vergleichbares gibt.

Dinglingers Überraschung ist gelungen: August muss dieses Meisterwerk haben – koste es, was es wolle. Verzückt schiebt er die goldenen Figürchen hin und her. Als der Goldschmied seinen Preis nennt, zuckt der Kurfürst nur kurz, dann schlägt er ein. Fast 60 000 Taler kostet der Tischaufsatz, mehr als der Rohbau des Schlosses Moritzburg. Eigentlich ist August im Jahr 1709 ein wenig klamm, schließlich hat sein junger Vetter aus Schweden gerade erst Sachsen besetzt und ausgeplündert. Doch auf dieses Wunder der Juwelierkunst verzichten will der Kurfürst auch nicht – er wird das Geld in den nächsten Jahren auf Raten abstottern.

»Der Hofstaat zu Delhi« ist zwar das skurrilste, aber bei Weitem nicht das einzige atemberaubende Stück unter Augusts Schätzen. Mit unersättlicher Leidenschaft sammelt der sächsische Kurfürst Kunstwerke aus aller Welt: erlesene Gemälde und Skulpturen, groteske Perlen-Figürchen, schimmernde Nautilus-Pokale, feinstes Porzellan oder Schnitzereien aus Rhinozeroshorn. Ab 1723 baut er das bescheidene »Grüne Gewölbe« seiner Ahnen zu einer Wunderkammer mit neun Sälen aus, in denen Spiegel, Bergkristall und Juwelen um die Wette funkeln. Da gibt es kuriose Kostbarkeiten wie den »Mohren mit der Smaragdstufe«, das »Goldene Kaffeezeug« oder ein großes Segelschiff aus hauchzartem Elfenbein. Allein die zahlreichen Diamant-Garnituren, mit denen sich der Fürst an Festtagen herausputzt, kosten ein Vermögen.

Schon die Zeitgenossen sind überwältigt von so viel Pracht. Der hessische Leibmedikus Daniel Wilhelm Triller dichtet: »Das Auge sieht sich nimmer satt, / Sagt Salomon in seinen Sprüchen. / Ach, dass er Dresden nicht gesehen hat! Vermutlich hätt' er diesen Satz / Geändert, wo nicht ausgestrichen. / Hier an dem Königlichen Schatz, / Womit das grüne Zimmer pranget, / Sieht sich das Auge völlig satt, / Dass es nichts mehr zu sehen verlanget.« Und der König von Preußen, der sein ganzes Geld in Soldaten steckt, schreibt nach einem Besuch beim sächsischen Kollegen ein wenig neidisch: »Die hiesige Pracht ist so groß, dass ich glaube, sie habe bei Ludwig XIV. unmöglich größer sein können.«

Natürlich dient die Schatzkammer vor allem der Propaganda. August hat sich zum König von Polen wählen lassen – ein Amt, das ihn in die Champions League der europäischen Herrscher katapultiert hat. Doch die Polen hegen Zweifel an ihrem König aus Sachsen. Sie sollen durch den ausgestellten Reichtum von der Großartigkeit seiner Person überzeugt werden und seinen Sohn als Nachfolger akzeptieren. Der Kurfürst häuft all diese Schätze allerdings nicht nur aus politischem Kalkül an: August hat eine Schwäche für alles, was glitzert und funkelt. Er liebt es, die Kostbarkeiten zu berühren und mit ihnen zu spielen. Nach Feierabend besucht der Dagobert Duck von Sachsen gern seine Schatzkammer, um in ihrem Glanz zu baden. Das Grüne Gewölbe ist noch heute ein Gesamtkunstwerk, großartig, schillernd, theatralisch und übertrieben wie der sächsische Sonnenkönig selbst.

Eigentlich war Friedrich August für den Thron gar nicht vorgesehen: Der kräftige Knabe, der am 12. Mai 1670 im Sternzeichen des Stiers geboren wird, ist nur der zweite Sohn des Kurprinzen Johann Georg. Noch regiert sein Großvater das wohlhabende Kurfürstentum Sachsen. Seinen etwas schlaffen großen Bruder kann Friedrich August nicht ausstehen – der Heißsporn empfindet es als himmelschreiende Ungerechtigkeit, dass nicht er selbst der Thronerbe ist. Augusts späterer Minister Flemming schreibt über die Jugend des Zweitgeborenen: »Sein Nachteil war nur, dass er nicht für die Herrschaft erzogen wurde, sondern in einem ausschweifenden Prinzenleben wertvolle Jahre vergeudete, unziemliche Neigungen annahm und unehrliche Menschen an seine Seite zog.«

Wie es beim Adel zu dieser Zeit Mode ist, wird der Teenager auf eine zweijährige Kavalierstour durch Europa geschickt. Er lernt das Versailles Ludwigs XIV. kennen, dessen Spiegelsäle und Kristalllüster ihn ungemein beeindrucken. In Madrid fasziniert ihn die Architektur, in Venedig der Karneval. Der stattliche Prinz mit den dunklen Augen und dem sinnlichen Mund interessiert sich jedoch nicht nur für Kultur, er beschäftigt sich auch intensiv mit französischen Schauspielerinnen, venezianischen Nonnen und spanischen Hofdamen. Liselotte von der Pfalz stellt schon nach seinem Besuch in Versailles fest: »Paris hat den Prinzen ganz verdorben!«

Im April 1694 geschieht, womit niemand gerechnet hat: Augusts Bruder, der nach dem frühen Tod des Vaters erst seit zwei Jahren Kurfürst ist, stirbt an den Pocken. Er hatte sich bei seiner heiß geliebten Mätresse angesteckt, als er die Sterbende mit Küssen bedeckte. So erbt der 24-jährige Friedrich August das Kurfürstentum Sachsen. Voller Elan stürzt er sich in die Arbeit, aber er wird nie der starke absolutistische Herrscher, der er gern sein möchte. Der junge Kurfürst ist zwar stark wie ein Bär und zerbricht Hufeisen mit seinen Händen, aber er schafft es einfach nicht, die einflussreichen Stände in Sachsen zu entmachten. So sucht er nach anderen Möglichkeiten, seinen ungeheuren Ehrgeiz zu befriedigen: Friedrich August bewirbt sich um die Krone der Wahlmonarchie Polen. Er zahlt horrende Bestechungsgelder an den polnischen Adel und tritt zum katholischen Glauben über, was die protestantischen

Sachsen zutiefst empört. Doch ihr Fürst erklärt seine Religion kurzerhand zur Privatsache und verspricht Toleranz für alle.

Im Sommer 1697 ist er am Ziel seiner Wünsche, er wird als August II. in Krakau zum König gekrönt. Die Krönungszeremonie, der absolute Höhepunkt seines Lebens, bringt Augusts Hang zum Größenwahn auf den Punkt: Um seine neuen Untertanen zu beeindrucken, hat er höchstpersönlich sein Prunkgewand entworfen. Die Polen sollen staunen! Er erscheint in einem Brustharnisch aus Gold, gut 20 Kilo schwer, einem Samtschurz mit Fransen und einem wallenden Hermelinmantel – eine Mischung aus römischem Imperator und Elfenkönig. Sein Kostüm ist allerdings so schwer, dass ihm während der Zeremonie die Luft ausgeht. Augustus Rex sinkt ohnmächtig zu Boden, und man braucht eine ganze Weile, bis man den benommenen König wieder auf die Beine bringt. Liselotte von der Pfalz lästert in Versailles: »Da könnte man wohl mit Wahrheit sagen: Hoffart kommt vor dem Fall.«

Das polnische Abenteuer verursacht riesige Kosten, bringt aber kaum reale Macht. Um sich vor den Polen als Feldherr zu profilieren, möchte August das von Schweden besetzte Livland zurückerobern. Doch der Nordische Krieg wird für ihn zum Desaster, denn der erst 18-jährige Schwedenkönig Karl XII. ist seinem Vetter August und dessen Verbündeten Russland und Dänemark haushoch überlegen. Nach mehreren verheerenden Niederlagen nimmt Karl dem Kurfürsten 1704 die polnische Krone wieder ab und zwingt ihn zu demütigenden Friedensverhandlungen. Schwedische Truppen besetzen Sachsen und lassen es bluten. Zwar gewinnt August später mithilfe des Zaren seine Krone zurück, doch um sie zu halten, muss er immer wieder tief in die Tasche greifen. Dabei kann er zahlen, was er will, die Herren an der Weichsel ordnen sich ihrem König nie wirklich unter. Deshalb versucht er, sie wenigstens durch den Glanz seiner Erscheinung zu blenden. In der zweiten Hälfte seiner fast 39-jährigen Herrschaft konzentriert sich August auf die Repräsentation. Obwohl er den Absolutismus in Sachsen nur in einer sehr milden Form verwirklichen kann, schafft er es doch, das Steuerwesen zu reformieren, und sichert sich damit ergiebige Geldquellen. Wenn es um seine Prachtentfaltung geht, schreckt der Kurfürst allerdings auch nicht vor Schulden zurück.

Ganz wie sein Vorbild, der 14. Ludwig von Frankreich, gibt August Unsummen aus, um seine Herrlichkeit angemessen strahlen zu lassen. Neben der viel gerühmten Schatzkammer soll seine Residenz überwältigen; Armeen von Architekten, Künstlern und Handwerkern sind damit beschäftigt, Dresden in ein Elb-Florenz zu verwandeln. Augusts Feste sind perfekt inszenierte Mega-Shows, die sich über Wochen hinziehen und ganz Europa verblüffen. Der Kurfürst plant diese rauschenden Maskeraden nicht nur, sondern liefert höchstselbst Skizzen für Kostüme und Dekorationen. Natürlich spielt er auch persönlich mit, mal als Götterbote Hermes, mal als Alexander der Große. August Superstar lässt es krachen und blitzen, lässt 300 Fuhrwerke voll Schnee aus den Bergen herankarren oder einen Mammutstollen backen, der von acht Pferden gezogen werden muss. Der Barock-Fürst hat viel Spaß dabei. In einer Charakterstudie seines Chefs stellt sein erster Minister Flemming etwas säuerlich fest: »Vergnügungssucht und Ehrgeiz sind die ihn beherrschenden Leidenschaften, aber nach dem Vergnügen verlangt er doch wohl noch stärker:

Nur zu oft haben ihm seine Vergnügungen einen Erfolg verwehrt, aber noch nie hat er sich von einer Ambition bei seinem Vergnügen stören lassen.«

Natürlich hat dieser sinnenfrohe Genussmensch auch eine Schwäche für Frauen. Prinzessin Wilhelmine von Preußen schreibt nach einem Besuch bei August: »Der König hielt eine Art von Serail, das aus den schönsten Frauen seines Landes bestand. Als er starb, schätzte man die Zahl der Kinder, welche er von seinen Mätressen hatte, auf 354.« Obwohl diese Zahl maßlos übertrieben ist, zeugt sie doch von seinem legendären Ruf. Bereits kurz nach Regierungsantritt legt sich der junge Kurfürst seine erste Mätresse zu: Aurora von Königsmarck. Die schöne Schwedin ist ein begehrter Gast an den Höfen Europas. Hochgebildet, kultiviert und weltgewandt, kann sie sich vor Verehrern kaum retten. Auch August ist sofort entflammt und lädt die Gräfin auf Schloss Moritzburg ein, wo er für sie ein Feuerwerk barocker Lustbarkeiten entfacht. Als Aurora aus der Kutsche steigt, wird sie von einem Schwarm Nymphen begrüßt und in einen festlich geschmückten Saal geleitet. Dort erwartet sie August als Hirtengott Pan mit einem Gefolge von Waldgeistern und erklärt ihr leidenschaftlich seine Liebe. Nach dem üppigen Gastmahl bringt man die Gräfin mit einer Gondel auf eine Insel im Schlossteich, wo sie ein prächtiges, orientalisches Zelt vorfindet. Darin, umgeben von 24 lieblichen Türkinnen, sitzt wiederum August, diesmal als Groß-Sultan verkleidet und vor Edelsteinen blinkend. So geht es noch 14 Tage lang weiter – obwohl sich die Schöne schon am ersten Abend ergibt.

Mit Aurora beginnt in Deutschland ein neuer Abschnitt in der Entwicklung der Hofsitten: Mätressen werden gesellschaftsfähig. August ist jedenfalls davon überzeugt, dass ihm erst eine schöne Favoritin den passenden Glanz verleiht – auch das hat er von seinem Vorbild Ludwig gelernt. Weniger begeistert ist seine Gattin, Christiane Eberhardine. Mit 23 musste er die Prinzessin aus Bayreuth heiraten, eine strenggläubige Protestantin, deren langes Gesicht in dieser Ehe immer länger wird. Während die »Betsäule Sachsens«, wie das Volk die Kurfürstin nennt, ihr frommes Leben fern der Residenz führt, amüsiert sich August in Dresden mit Aurora. Sein erster und einziger legitimer Sohn, der Kurprinz Friedrich August, wird nur elf Tage vor dem Sohn der Mätresse geboren.

Doch auch Gräfin Königsmarck langweilt August schon bald. Von einer Reise nach Wien bringt er eine neue Favoritin mit. Dass sie verheiratet ist, stört ihn nicht. Wie bei einer Reihe seiner späteren Geliebten entschädigt er den Ehemann mit einer großzügigen Abfindung. Die Mätressen verschlingen Unsummen – schließlich beschenkt sie der Kurfürst nicht nur mit Juwelen, sondern auch mit Schlössern und Landsitzen. In seine Geschäfte reinreden dürfen sie ihm allerdings nicht. Augusts Liebesschwüre haben wenig Bedeutung. Und wehe der Schönen, die darauf hereinfällt. Der kluge Minister Flemming konstatiert: »Die Mehrzahl seiner Mätressen hat sich in ihm getäuscht. Die Damen bilden sich ein, er liebe sie so sehr, wie er es ihnen immer wieder sagt, aber er hält sie sich nur des eigenen Vergnügens wegen, und wenn die Passion ihm auch die eine oder andere Forderung von ihrer Seite, Ärger oder Ausgaben einbringt, er nimmt dies alles doch nur bis zu einem bestimmten Punkt hin. Dann befiehlt ihm seine Vernunft, Schluss zu machen, und er nimmt lieber den Vorwurf auf sich, den Wechsel zu lieben.«

Die meisten Favoritinnen treten ohne Widerstand ab

und lassen sich mit einer lukrativen Heirat oder einem Kloster-Amt trösten. Einzige Ausnahme ist Constantia von Cosel, die es immerhin schafft, sich acht Jahre an Augusts Seite zu halten. Dass sie ihre Macht dann aber überschätzt und sich in seine Politik einmischt, muss die Gräfin teuer bezahlen: Der Kurfürst lässt die 36-Jährige auf der Festung Stolpen einsperren und vergisst sie dort. Bis zu ihrem Tod, fast 50 Jahre später, wird die Cosel für ihren Ehrgeiz büßen.

Von seinen offiziellen Mätressen bekommt August acht Kinder, die er alle legitimiert und in den Adelsstand erhebt. Sein erklärter Liebling wird die Tochter Anna Cathérina Orczelska. Sie erscheint erst 1724 an seinem Hof, ist so hübsch wie temperamentvoll, eine kühne Reiterin und anmutige Tänzerin. August ist entzückt von der jungen Wilden, die mit ihm die Minister unter den Tisch säuft und seine späten Jahre mit Trubel ausfüllt. Anna Cathérina soll die Jugendliebe Friedrichs des Großen gewesen sein und sorgt 1729 für einen Skandal am Dresdener Hof, als sie ein uneheliches Kind bekommt.

Je älter August wird, desto bitterer schmeckt ihm das Leben. Der sächsische Herkules leidet an Diabetes. Er bekommt eiternde Wunden an den Füßen, sodass ihm schließlich sogar ein Zeh amputiert werden muss. Dennoch setzt August sein Lotterleben fort, trinkt drei Flaschen Wein am Tag, in passender Gesellschaft auch gern sechs oder sieben. Noch im Januar 1733 stürzt er sich ins Dresdener Karnevalstreiben, bevor er sich auf der Reise nach Polen mit einem Unterhändler des Preußenkönigs trifft. Der notiert in seinem Protokoll: »Er war so schlecht zu Fuß, dass er auf mich fiel. Ohne einen Schrank, an den ich mich hielt, wären wir beide hingefallen.« Dennoch zechen die beiden die ganze Nacht durch und versuchen, sich gegenseitig auszuhorchen.

Auf der Weiterfahrt nach Polen wird der König dann wiederholt ohnmächtig. Nur wenige Tage nach der Ankunft in Warschau, in den Morgenstunden des 1. Februar 1733, stirbt August der Starke. Sein Leichnam wird in Krakau beigesetzt, das Herz aber bringt man auf seinen Wunsch in einer silbernen Kapsel nach Dresden, in sein geliebtes Elb-Florenz. Nach den Zerstörungen im Zweiten Weltkrieg strahlt Augusts Residenz heute wieder im barocken Glanz – ebenso wie das Grüne Gewölbe, in dem der Dagobert Duck von Sachsen noch immer lebendig zu sein scheint.

{ Christiane Kopka }

11.

1731: Schwarz und schlau

Soliman, der Hofmohr von Wien

Soliman stammte aus Afrika. So viel ist klar, mehr aber auch nicht. Dort wurde er um 1721 herum geboren. Sklavenhändler raubten ihn, als er etwa sieben war, und verkauften ihn an eine Adelige auf Sizilien. »Anders als Leibeigene durften Sklaven verschenkt oder verkauft werden, der Besitzer konnte mit ihnen machen, was er wollte. Das ist der antike Sklavenbegriff«, sagt Walter Sauer, Wirtschafts- und Sozialhistoriker an der Universität Wien. Sauer hat Solimans Leben intensiv erforscht.

Der afrikanische Knabe hatte damals Glück im Unglück, denn Hofmohren wurden in der Regel gut behandelt. Tiefschwarze Hofmohren galten als die Zierde barocker Fürstenhöfe. Soliman lernte am Hof seiner Herrin auf Sizilien Italienisch. Mit etwa zehn Jahren wurde er getauft auf den Namen Angelo Soliman, das war 1731. Sklave blieb der Christenmensch trotzdem, betont Historiker Sauer: »Es gab, zumindest in der Habsburger Monarchie, auch christliche Sklaven, die Taufe emanzipiert also nicht von der Sklaverei im 18. Jahrhundert.«

Hofmohren verbreiteten in Europa seit dem Ende der

Kreuzzüge orientalischen Glanz. Das scheint auf den ersten Blick widersinnig, denn Schwarzafrikaner hatten mit der muslimischen Welt im Grunde nichts zu tun; sie lebten völlig anders. Doch in Kontakt mit Europa traten sie immer über die muslimische Welt, berichtet der Hamburger Historiker Peter Martin. »Er ist Angehöriger einer überlegenen Zivilisation, die man nachahmen möchte, da er mit seinen Seidenhosen, dem Turban und dem goldenen Ohrring Repräsentant einer Zivilisation ist, die man seit den Kreuzzügen bewunderte und der gegenüber man sich im Nachteil fühlte.«

Kaiser Friedrich von Hohenstaufen brachte im 13. Jahrhundert die ersten Hofmohren mit über die Alpen nach Deutschland. Er kam aus seiner Hauptstadt Palermo und zog mit einem sagenumwobenen Hofstaat durch die Lande. »Er zeigt der Bevölkerung, was für ein bedeutender Herrscher hier vor ihren Augen erscheint. Wer Löwen und Schwarze in seinem Gefolge mitführt, der beweist eben, dass seine Macht bis zum Nil reicht.« Das Bild des Hofmohren hat sich lange in der Werbung erhalten. Der Mohr als Werbefigur einer Schokoladensorte mit Pluderhosen und Turban stilisiert das alte Bild vom edlen Schwarzen.

Soliman war in jedem Fall eines: hochintelligent und ehrgeizig. Seine Herrin verschenkte ihn an den österreichischen Gouverneur von Sizilien, den Fürsten Johann Georg Christian Lobkowitz. Er lernte von den Hauslehrern weitere fünf Sprachen: Deutsch und Französisch, Englisch und Tschechisch sowie Latein.

Fast 20 Jahre lang diente Soliman dem Gouverneur als Sekretär, Bote und Soldat. Einmal soll er seinen verletzten Herrn sogar in einer Schlacht aus dem Getümmel getragen und so gerettet haben. Nach dem Tod von Lobkowitz kam

Angelo an einen der ganz großen Herren Österreichs, an Josef Wenzel von Liechtenstein. Fürst Liechtenstein war Berater der Kaiserin Maria Theresia, Feldmarschall und Waffenfabrikant. Er reformierte die österreichische Armee und verdiente prächtig an den Kanonen: »Er hatte Artilleriefabriken und rettete für Maria Theresia durch den Einsatz der Artillerie im Schlesischen Erbfolgekrieg und in anderen Kriegen die Krone«, sagt der Historiker Walter Sauer.

An Liechtensteins Seite war immer öfter Angelo Soliman zu sehen, er war offenkundig jemand, mit dem man Staat machen konnte. So auch bei einer wichtigen Gesandtschaft: Im Jahr 1760 holte Liechtenstein die Braut des Thronfolgers aus Parma ab, ein Schaulaufen mit Prunk und Pomp ohnegleichen. Auf dem Prachtgemälde sieht man die berühmte goldene Kutsche Liechtensteins, umgeben von Lakaien, Edelknaben und Hofkavalieren, »wobei unter ihnen die wohl erstaunlichste Gestalt des Zuges auszumachen ist: der auf einem rot gezäumten Schimmel paradierende hochfürstliche Mohr Angelo Soliman, ausstaffiert mit Turban und exotischem, wallendem Gewand«, so der Historiker.

Angelo hatte sich inzwischen in der Dienerschaft hochgearbeitet, beim Fürsten Liechtenstein wurde er privater »Cammerdiener«; sein Herr nahm den Kammerdiener auch oft mit zu den Audienzen am Kaiserhof. Soliman soll mit Kaiser Joseph II. sogar Schach gespielt haben. Historiker Sauer bleibt ein wenig skeptisch: »Die Schriftstellerin Caroline Pichler schreibt, sie hätten sich gekannt und ein sehr enges Verhältnis gehabt, seien beispielsweise Arm in Arm spazieren gegangen. Wie eng dieses Verhältnis [zum Kaiser] wirklich war und ob man das Freundschaft nennen konnte, können wir allerdings nicht beurteilen.«

Soliman, der schwarze Chef-Diener, war in Wien angesehen und beliebt, offenbar auch bei den unteren Schichten, wie Caroline Pichler zeitnah berichtete: »Er brachte den Fürsten die Bitten derjenigen vor, die etwas bei ihnen zu suchen hatten. Seine Taschen wurden nie von Memorialien und Bittschriften leer.« Soliman lebte in bescheidenem Wohlstand und somit besser als die meisten Leute seiner Zeit. Doch trotz aller Pracht blieb Soliman ein abhängiger Sklave im goldenen Käfig. Bis 1764. Da hatte er ein Glück, das heute nur mit sechs Richtigen im Lotto zu vergleichen ist. Soliman, inzwischen über 40 Jahre alt, war mit seinem Herrn zur Kaiserkrönung nach Frankfurt gereist. Caroline Pichler zufolge »wagte er einst, auf Geheiß seines Fürsten, bei einer der öffentlich gehaltenen Pharaobanken sein Glück, und gewann in einem Tage zwanzig tausend Gulden«.

Ein Sklave, der beim Glücksspiel ein Vermögen verdient? Das klingt zu schön, um wahr zu sein, dachte auch Historiker Walter Sauer. »Die Geschichte erschien so lange wie eine Legende, bis ein Bergbauhistoriker aus der Steiermark im Berggrundbuch die Aktionäre neu erschlossener Bergwerke fand. Und unter diesen Aktionären findet sich zweimal der Name Soliman.« Parallel kaufte Soliman über einen Strohmann ein Haus in der Wiener Vorstadt. »Soliman war persönlich talentiert, sprachkundig und beliebt. Aber er brauchte auch Glück, in dem Fall durch das Spiel, um sich persönlich aus der Sklaverei zu emanzipieren.«

Historiker Sauer sieht eine ausgetüftelte Strategie in Solimans Handeln. Der Hofmohr wollte am Ende in Freiheit leben – und seine große Liebe heiraten, die Witwe Magdalena Christiano aus Wien. »Die beiden Paläste waren sehr nahe gelegen, man kann vermuten, dass sie sich auf der Straße kennengelernt haben.« An Heirat war kaum zu denken, denn der Fürst musste in diesem Fall zustimmen. Das tat Fürst Liechtenstein in der Regel nicht, denn er wollte nicht auch noch für Witwen und Kinder seiner Dienerschaft aufkommen.

Soliman schaffte es, seine Braut ohne Zustimmung seines Herrn heimlich zu heiraten. Per Gewissensehe, die in der katholischen Kirche in Ausnahmefällen möglich ist. Durch diese heimliche Heirat zwang Angelo Soliman seinen Herrn zum Handeln, resümiert Historiker Sauer: »Meine These ist, dass Soliman dafür sorgte, dass es bekannt wurde, was leicht ist, da in Wien sowieso nichts geheim blieb. Liechtenstein musste ihn dann aus seinem Dienst, also aus der Sklaverei, verstoßen. Eigentlich bewirkte Soliman über diese sehr komplexe Operation seine Entlassung aus der Sklaverei.«

Freiheit war teuer, aber Soliman konnte sie sich wegen seiner Ersparnisse wirtschaftlich leisten. Das Paar zog in sein bescheidenes Häuschen ein, vier Jahre später kam Tochter Josephine zur Welt. Nach dem Tod des alten Liechtenstein stellte dessen Erbe Soliman wieder an und machte ihn zum Prinzenerzieher. Nun hatte der Hofmohr dauerhaft genug zum Leben und konnte sogar ordentlich in Rente gehen als »gewester Cammerdiener«.

Soliman, gebildet und in Wien gut vernetzt, war Anhänger der Aufklärung, er dachte fortschrittlich, sozial, freiheitlich – und schloss sich der revolutionärsten Freimaurerloge Wiens »Zur Wahren Eintracht« an. Ein schwarzer Logenbruder war eine Sensation, betont Sauer: »Es war damals sehr selten, dass Logen schwarze Menschen aufnahmen. Angelo Soliman war wohlhabend, er hatte einen Namen als einer, der sich für die Emanzipation der Dienstboten eingesetzt hatte. Und wir wissen aus der Zeit von anderen schwarzen Dienstboten, dass ihre Bedingungen tatsächlich besser wurden, sie konnten private Wohnungen nehmen, heiraten, begannen, über Gehälter zu verhandeln. Soliman hatte dabei eine Vorbildrolle.«

Der schwarze Logenbruder machte Karriere und wurde zeitweise zuständig für die Prüfung der neuen Kandidaten. Wer in die Loge wollte, kam an ihm nicht vorbei. Zu Solimans Logenbrüdern zählte auch Joseph Haydn, und zu Gast war dort oft Wolfgang Amadeus Mozart.

Nach dem Tod seiner Frau kümmerte sich der Pensionär Soliman um die Erziehung von Tochter Josephine. Im Alter von 75 Jahren erlitt er auf der Straße einen Schlaganfall und starb zu Hause. »Als er starb«, berichtet der Historiker Peter Martin, »wurde dem Freund der kaiserlichen Familie die Haut über die Ohren gezogen und auf ein präpariertes Holzgerüst gespannt.«

Solche Präparationen waren nichts Neues, doch dass hier ohne Wissen der Tochter ein angesehener Bürger Wiens als halb nackter Wilder mit ausgestopften Tieren ausgestellt wurde, das war ein Tabubruch. Peter Martin: »Er wurde so im Naturalien-Museum des kaiserlich-königlichen Wien ausgestellt, zusammen mit drei anderen schwarzen Gefährten, die in ähnlicher Weise behandelt worden waren.«

Der finstere Strippenzieher im Hintergrund war offensichtlich der Museumsdirektor Eberle, ein zwielichtiger Mann, der einige Jahre später, wohl wegen Korruption, entlassen wurde und mit seiner »Körperwelt« vor allem eines wollte: Publikumserfolg um jeden Preis.

Historiker Walter Sauer fand bei seinen Recherchen heraus, wer Soliman ausgestopft hatte, nämlich ein Bruder des

Museumsdirektors Eberle, der einige Zeit später beim Kaiser für das Ausstopfen von Tier und Mensch ein Honorar einforderte – und bekam: »Bei den meisten in dass Kabinett geschehenen auf Stopfung und Zubereitung der großen vierfüßigen Thieren sowohl als bei dem Angelo Soliman, dessen (…) mühesame Zustandbringung nicht geringen Kummer verursachte.«

Soliman, ein Schicksal, das zu düsteren Theorien reizt und immer wieder neue hervorbringt. Seit einigen Jahren behaupten einige Soliman-Publizisten, der Hofmohr habe seinen Leichnam vor seinem Tod freiwillig gespendet. Historiker Walter Sauer hält von dem vermeintlichen Beweis nichts, er ist sich sicher, dass von einer freiwilligen Spende keine Rede sein könne.

Unbestritten ist, dass Solimans Tochter entsetzt war, als sie hörte, dass sie nur die Eingeweide ihres Vaters beigesetzt hatte. Sie versuchte alles, um die Reste ihres Vaters eines Christenmenschen würdig zu bestatten, die katholische Kirche schlug sich auf ihre Seite. Das Präparat bekam sie trotzdem nicht. Die Präsentation ihres Vaters im Kaiserlichen Naturalienkabinett fiel aber offensichtlich weniger entwürdigend aus als geplant.

»Anscheinend war der ursprüngliche Plan, ihn auf einem Kamel reitend mit einem Speer darzustellen, gleich am Eingang des Museums«, sagt Historiker Sauer. So weit kam es nicht. Auf das Kamel wurde später ein anderer ausgestopfter Schwarzafrikaner gesetzt, ein ehemaliger Wärter aus dem Zoo. Angelo Soliman war zehn Jahre lang in einem Glasschrank mit Vorhang ausgestellt, sodass der Museumswärter nur auf Wunsch der Besucher den Vorhang zurückzog. Was sie zu sehen bekamen, war ein halb nackter Wilder. Museumsmitarbeiter Leopold Fitzinger konnte sich an das Exponat erinnern. »Angelo Soliman war in stehender Haltung mit zurückgerücktem rechten Fuße und vorgestreckter linker Hand dargestellt, mit einem Federgürtel um die Lenden und einer Federkrone auf dem Haupte ... Arme und Beine waren mit einer Schnur weißer Glasperlen geziert.«

Solimans Schicksal ist ein Sinnbild für die Verkehrung des Klischees vom Schwarzen. Zuerst der gebildete, edle Mohr mit weltläufigem Glanz, dann der schwarze Wilde als affenähnliches Wesen. Dahinter steckte ein neues, rassistisches Weltbild, sagt Historiker Sauer: »Afrika wurde damals als Paradies gezeichnet. Je mehr die Entwicklung in Richtung Sklavenhandel, in Richtung Kolonialismus voranschritt, desto mehr wurde auch das Bild des Afrikaners, der Afrikanerin abgewertet. Das, was wir dann als furchtbaren Rassismus kennen, setzt erst um 1800 ein. Woher kommt der Mensch, was ist das fehlende Bindeglied zwischen dem Tierreich und dem Menschen? Die Afrikaner wurden als ›Missing Link‹ definiert. Das war zwar völlig unwissenschaftlich, aber wirksam.« Eine Demütigung, die das Bild von Angelo Soliman bis heute prägt. Doch für Historiker Sauer ist der andere Angelo Soliman interessanter. Der Mensch Soliman, der sich selbst aus der Sklaverei befreite. »Der als Afrikaner ein Aktionär im Bergbau war. Das sind Dinge, die völlig unerhört sind für das 18. Jahrhundert.«

Erst 1848 endete die Zurschaustellung. In den Revolutionswirren verirrte sich eine kaiserliche Kanonenkugel ins Naturalienkabinett, und Angelo Solimans Reste verbrannten.

{ Heiner Wember }

12.

1736: Der König von Korsika
Theodor aus Pungelscheid erobert die Welt

Die Muschelhörner mit ihrem heiseren Klang lassen die Nachricht von seiner Ankunft in Windeseile über die Insel fliegen. So strömen an diesem Frühlingsmorgen 1736 die Hirten und Bauern Korsikas in der Stadt Aleria zusammen, um den Fremden zu begutachten. Sie staunen nicht schlecht: Der Mann, der da von Bord seines Schiffes stolziert, könnte einer Barock-Oper entsprungen sein. Er trägt einen langen Kaftan aus leuchtend roter Seide, dazu orientalische Pumphosen und gelbe Schuhe. Sein Papageien-Look wird ergänzt durch einen Dreispitz mit wippender Feder, einen Schleppsäbel und ein Zepter, das der Ankömmling stolz in der Hand hält. Eine so schillernde Erscheinung haben die Korsen noch nie gesehen.

Dass er sich wie ein Märchenfürst kostümiert hat, kommt nicht von ungefähr. Theodor von Neuhoff, mittelloser Spross aus westfälischem Landadel, will König von Korsika werden. Um seinem künftigen Volk zu imponieren, setzt sich der begnadete Selbstdarsteller in Szene. Zu seinem Gefolge gehören zwei französische Offiziere, ein Sekretär sowie eine Schar türkischer und maurischer Diener. Neuhoffs Schiff, auf dem eine weiße Fahne mit schwarzem Maurenkopf weht, hat Kanonen, Gewehre und einen Berg Lederstiefel als Ausrüstung für die Rebellen geladen, dazu Säcke voll Getreide und Kisten mit Gold- und Silbermünzen. Alles auf Pump beschafft – doch davon wissen die Korsen nichts. Sie sind hingerissen und nur allzu gern bereit, in diesem weltgewandten Herrn mit den glänzenden Manieren den lang ersehnten Retter zu sehen, der sie vom Joch der Unterdrückung befreien soll.

Seit dem 14. Jahrhundert ächzt Korsika unter der Herrschaft der Genuesen. Sie behandeln die Insel wie eine Kolonie und beuten sie gnadenlos aus. Um die verhassten Besatzer zu vertreiben, ist den Korsen jedes Mittel recht – sogar ein Baron aus dem Sauerland. Schon lange haben die Clan-Chefs auf ihren Versammlungen darüber diskutiert, wie die Lage zu verbessern sei. Dabei sind sie auf die Idee gekommen, sich unter den Schutz eines ausländischen Monarchen zu stellen. Nun kann man den bunten Vogel, der an diesem Frühlingsmorgen an Land geht, nicht wirklich als König bezeichnen, aber er versteht es zumindest, fürstlich aufzutreten.

Theodor Stephan Freiherr von Neuhoff ist einer der typischen Abenteurer des 18. Jahrhunderts, ein genialer Blender und Schaumschläger, ein Zocker und Glücksritter, dem keine Herausforderung zu verwegen, kein Risiko zu hoch ist. Dass er dazu wurde, liegt vor allem an seiner Herkunft. Theodors Vater hatte gegen den Willen seiner Familie eine französische Kaufmannstochter geheiratet. In der adelsstolzen Verwandtschaft galt sein Sprössling daher als minderwertig – und Anspruch auf ein nennenswertes Erbe hatte er ohnehin nicht. Man weiß nicht genau, wann und wo der kleine Theo geboren wurde; manches spricht für den 25. August 1694 und die Stadt Köln. Andere Quellen nennen Metz und frühere Geburtsjahre. Sicher ist, dass er nach dem frühen Tod des Vaters auf Burg Pungelscheid aufwächst, dem Stammsitz der Familie im Sauerland. Theodor ist ein wacher, hübscher Junge mit blauen Augen und rotblondem Haar. Er besucht die Kollegien der Jesuiten in Münster und Köln, die ihm ein außergewöhnliches Sprachtalent bescheinigen und eine glänzende Karriere prophezeien. Angeblich soll er als Jugendlicher einen Nebenbuhler um die Gunst einer hübschen Professorentochter erstochen haben, doch bei dieser Geschichte könnte es sich auch um genuesische Propaganda handeln. Jedenfalls taucht der etwa 15-Jährige 1709 in Paris auf. Dort ist seine flotte Mutter inzwischen die Geliebte eines Grafen geworden, der Ehrenkavalier bei Liselotte von der Pfalz ist. Die Schwägerin Ludwigs XIV. hat schon Theodors Schwester Elisabeth in den Kreis ihrer Hofdamen aufgenommen. Jetzt erklärt sie sich bereit, auch den kleinen Bruder als Pagen einzustellen. Liselotte ist zunächst recht angetan von ihrem Schützling: »Er ist ein wohlgeschaffener Mensch, nicht hässlich von Gesicht. Weiß auch brav zu plaudern.«

Doch der Hof des Sonnenkönigs verdirbt den leichtfertigen Knaben. Versailles bietet eine ideale Bühne für Hasardeure und Scharlatane aller Art. Theodor ist fasziniert von der glitzernden Welt des Scheins, in der jeder mehr zu sein vorgibt, als er ist. Er findet Geschmack am Lotterleben – und beginnt zu spielen. Die besorgte Liselotte schickt ihren Pagen zum Kurfürsten von Bayern, der ihn als Rittmeister einstellt. Obwohl sich der junge Neuhoff im Feld durchaus bewährt, kann er doch das Zocken nicht lassen. Überhaupt lebt er weit über seine Verhältnisse. Bald retten ihn nur noch riskante Schwindelmanöver, und gelegentlich landet er sogar im Schuldturm. So beginnt eine wechselvolle Karriere, die den westfälischen Baron in den nächsten Jahren von Land zu Land, von Hof zu Hof treiben wird, immer auf der Flucht vor den Gläubigern. Theodor findet überall schnell Kontakt – schließlich spricht er nicht nur sieben Sprachen, sondern ist auch überaus flexibel. Er beherrscht die Feinheiten der höfischen Etikette ebenso wie die Regeln der Kriegskunst oder die Winkelzüge der Diplomatie.

Neuhoff wird Geheimagent in schwedischen Diensten. Er arbeitet für den umtriebigen Freiherrn von Görtz, der in England einen Aufstand anzuzetteln versucht. Nach dem Sturz des Freiherrn hält er sich eine Weile am spanischen Hof auf, wo er an diversen Verschwörungen beteiligt ist und eine irische Hofdame heiratet. Bald nach der Hochzeit soll Theodor seine schwangere Frau verlassen und sich mit ihren Juwelen nach Paris abgesetzt haben – was sich allerdings auch wieder die missgünstigen Genuesen ausgedacht haben könnten, um seinen Ruf zu schädigen. Die Gattin jedenfalls muss früh verstorben sein, sie taucht in seiner wild bewegten Geschichte nicht weiter auf.

In Paris gewinnt und verliert Neuhoff ein Vermögen bei riskanten Spekulationen mit Mississippi-Aktien. Er flüchtet nach Amsterdam, wo er eine Handelsgesellschaft gründet. Nach deren Pleite taucht er in London unter und schlägt sich eine Weile als Touristenführer durch. Doch bald schon ist Theodor wieder obenauf. Als Spion des Kaisers in Wien kommt er 1732 nach Genua. Die einst so stolze Seemacht hat zu dieser Zeit bereits viel vom alten Glanz eingebüßt. Längst machen ihr andere die Vormachtstellung im Mittelmeer streitig. Und auch die Korsen wehren sich immer heftiger gegen die Fremdherrschaft. Seit drei Jahren brodelt es auf der Insel, zumal Genua inzwischen die Abgaben mit brutaler Gewalt eintreibt und gefangene Rebellen als Sklaven nach Algier verkauft. Da Kaiser Karl VI. dem Dogen von Genua zur Unterdrückung der Aufstände Söldner geschickt hat, soll sich Theodor vor Ort ein Bild von den Verhältnissen machen. So erfährt der Baron aus Pungelscheid zum ersten Mal vom Freiheitskampf der Korsen – und entdeckt sein Herz für die unterdrückte Insel. Als die Genuesen vier Unterhändler der Aufständischen gegen alle Abmachungen festnehmen, bemüht er sich in Wien erfolgreich um deren Freilassung.

In Livorno lernt Neuhoff die Führer der Rebellen kennen. Für sie wird dieser redegewandte Mann, der scheinbar beste Kontakte zu allen Höfen Europas hat, zum Hoffnungsträger. Sie bitten ihn, ihren Aufstand anzuführen, und bieten ihm dafür die Königskrone an. Theodor, der Zocker, kann nicht widerstehen – eine Krone, ein eigenes Reich, das ist weit mehr, als er in seinen kühnsten Träumen zu hoffen gewagt hat. Ein Traumtänzer ist er jedoch nicht. Er erkennt sehr wohl, was die Korsen wollen, und liebäugelt selbst mit den Ideen der Aufklärung. Neuhoff handelt auch keineswegs überstürzt: In den nächsten Jahren reist er herum, verkleidet als Priester oder Forschungsreisender, um Unterstützung für sein Projekt zu suchen. Er trifft andere Glücksritter und Aufsteiger, die Söldnertruppen und Geld versprechen. In Konstantinopel gewinnt er den türkischen Sultan als Verbündeten.

Seine Reisen sind nicht ungefährlich. Einmal wird er sogar von Seeräubern gefangen genommen und auf dem Sklavenmarkt zum Kauf angeboten. Doch der Bey von Tunis sorgt für seine Freilassung und stellt ihm Lagerhäuser im Hafen zur Verfügung. Theodor kann ein paar griechische Geschäftsleute überreden, ihm Gewehre, Munition und Stiefel auf Kredit zu liefern, während der britische Konsul ein Schiff besorgt. So sticht der Abenteurer im Frühjahr 1736 in See. Noch an Bord schreibt Neuhoff an die Führer der Rebellen: »Die standhafte Liebe und ebenso die Treue, die Sie und die Korsen mir im Laufe von mehr als zwei Jahren bezeugten, haben mich bewogen, meine Abneigung gegen das Meer und meine Furcht vor schlechtem Wetter, das gewöhnlich in dieser Jahreszeit herrscht, zu überwinden. Ich bin hier, um jede Hilfe, die in meiner Macht steht, Ihrem bedrückten Reich zu bringen und es mit Gottes Hilfe von dem Joche Genuas zu befreien. Wenn Sie mich zu Ihrem König wählen, verlange ich nur das Recht, eines Ihrer Gesetze zu ändern, nämlich die Gewissensfreiheit Männern anderer Nationalitäten und Glaubensbekenntnisse zu gewähren, die hierherkommen können, um uns bei unseren Unternehmungen zu helfen. Kommt, so wie Ihr seid, ohne Zögern nach Aleria, damit wir uns beraten und die Basis unseres Vorgehens errichten können.«

Bei seiner Ankunft wird Theodor von Neuhoff begeistert gefeiert. Nicht nur die Bauern und Hirten, sondern auch die Clan-Chefs sind sich einig: Ein so großartig auftretender Mann muss der Richtige für das Amt des Königs sein. Doch ebenso wie sich die Korsen Illusionen über seinen Stand und seine Verbindungen machen, hat Theodor falsche Vorstellungen von Korsika. Der Edelmann weiß nur wenig über dieses wilde Eiland und seine archaischen Strukturen. Seit dem Mittelalter herrschen im Inneren der Insel die Clans und ihre Anführer, die örtlichen Notabeln. Die Hafenstädte an der Küste werden dagegen von den Genuesen dominiert. Zwischen den Stadtbewohnern und den Clans im Landesinneren gibt es kaum überwindbare Interessenskonflikte. Außerdem gilt auf Korsika das gnadenlose Gesetz der Blutrache, das die Familien über Generationen zu Feinden macht.

Theodor ist zuversichtlich. Noch glaubt er, die Lage auf dieser zerrissenen Insel beherrschen zu können. Voll Stolz schreibt er an die Verwandtschaft in Pungelscheid: »Endlich aber kann ich als aufrichtiger Freund und guter Anverwandter nicht ermangeln Ihnen zu eröffnen, dass es mir nach vielen Verfolgungen und Widerwärtigkeiten gelungen, persönlich in dieses Königreich Corsica zu kommen, und das Anerbieten der hiesigen getreuen Einwohner, da sie mich zu ihrem Oberhaupt und König erkläret und aufgenommen, zu acceptiren.«

Am 15. April 1736 wählen ihn Delegierte aller korsischen Gemeinden im Kloster von Alesani einstimmig zum König. Gleichzeitig verabschieden sie eine Verfassung für Korsika. Dieser demokratische Akt erscheint als ungeheure Provokation im Zeitalter des Absolutismus – und das aufgeklärte Europa hält den Atem an. Die eigentliche »Krönung« ist bescheiden: Vor dem Kloster steht ein hölzernes Podest mit einem Sessel, der mit Blumen geschmückt ist. Es gibt keine Krone für Theodor I., sondern nur einen schlichten Kranz aus Lorbeerblättern. Von den Häusern weht seine Flagge, die noch heute das Symbol des korsischen Freiheitskampfes ist: der schwarze Maurenkopf mit der Stirnbinde auf weißem Grund.

Zunächst macht König Theo seine Sache gar nicht schlecht. Er schafft die Zölle ab, vereinfacht das Steuersystem, lässt Münzen prägen, stiftet einen Ritterorden und baut ein kleines Heer auf. Unermüdlich reist er über die Insel – vom Volk umjubelt, von den Clan-Führern aber zunehmend argwöhnisch beäugt. Als guter Herrscher hört sich Theodor auch die Klagen der Bauern und der Hirten an. Das verschafft ihm viel Sympathie bei den einfachen Leuten, doch die Notabeln wollen sich in ihre Herrschaft nicht hineinreden lassen. Sie residieren in ihren Dörfern selbst wie kleine Könige und haben kein Interesse daran, die Situation der Bauern zu verbessern. Außerdem sind sie heillos zerstritten, eifersüchtig und missgünstig. Der Kampf gegen die Genueser, die sich in den befestigten Küstenstädten verschanzt haben, scheitert immer wieder am Verrat einzelner Clan-Chefs. Das Gesetz der Blutrache macht selbst vor Theodor nicht halt: Als Neuhoff einen der verräterischen Generäle zur Strafe hinrichten lässt, wird sein bester Mann hinterrücks erschossen, und auch sein eigenes Leben gerät in Gefahr. Die Kassen leeren sich rapide, während die von Theodor angekündigte Unterstützung der Engländer ausbleibt. So bläst ihm bald schon ein kalter Wind ins Gesicht. Nach nur sieben Monaten muss König Neuhoff erkennen, dass sein Projekt gescheitert ist. Am 13. November 1736 verlässt er Korsika bei Nacht und Nebel.

So schnell gibt er seine Krone allerdings nicht auf. Gejagt von genuesischen Kopfgeldjägern, treibt sich Theodor in wechselnden Verkleidungen in Europa herum. Überall versucht er, Unterstützung für die korsische Sache zu finden. In Amsterdam kann er holländische Kaufleute davon überzeugen, ihm ein Schiff auszurüsten. Doch dieser Versuch der Rückkehr scheitert ebenso wie zwei weitere Expeditionen. Inzwischen hat Genua die Franzosen zu Hilfe gerufen, und deren Truppen verhindern Neuhoffs erneute Landung auf Korsika. Die Rebellen finden in dem Korsen Pascal Paoli einen Führer, der ihren Kampf aussichtsreicher vorantreibt und bis heute als »Vater des Vaterlandes« gilt. Korsikas Unabhängigkeit hat jedoch auch Paoli nicht erreicht: 1769 kauft Frankreich die Insel von Genua und bekämpft fortan jeden Widerstand mit starker Gewalt.

Das hat Theodor allerdings schon nicht mehr erlebt. Während man in den europäischen Salons noch über den »König für einen Sommer« lästert, sinkt sein Stern unaufhörlich. Sein Ende ist erbärmlich, er muss in London sogar einige Jahre im Schuldgefängnis verbringen. Als alter Mann versucht Theodor von Neuhoff vergeblich, bei der westfälischen Verwandtschaft unterzukriechen. Der König von Korsika stirbt am 11. Dezember 1756 im Londoner Armenviertel Soho, in der Wohnung eines Schneiders.

In den folgenden Jahren wird Theodor so etwas wie ein Medienstar. Voltaire lässt ihn in seinem berühmten Roman »Candide« auftreten. Dort ist Neuhoff unter den sechs Ex-Königen, die der naive Held Candide in Venedig trifft, der erbärmlichste: »Ich bin Theodor, man hat mich in Korsika zum König gewählt; man nannte mich *Eure Majestät*, und jetzt nennt man mich mit Müh und Not *Herr*. Ich habe Münzen schlagen lassen und besitze nicht einen Heller, ich saß auf einem Thron und habe lange Zeit in London im Gefängnis gelegen, auf einem Strohlager.« Die übrigen fünf sind so ergriffen von seinem Schicksal, dass sie Theodor Geld für neue Kleider schenken, während Candide ihm sogar einen Diamanten vermacht. Der Komponist Giovanni Paisiello hat diese Episode zu einer Oper verarbeitet, zahlreiche Trivial-Autoren machen Theodor zum Helden ihrer historischen Romane. In den meisten Werken erscheint der Abenteurer, der so hoch hinauswollte, als lächerliche Figur. Die Korsen allerdings haben ihren König aus Westfalen noch heute in guter Erinnerung – schließlich ging es ihm immer auch um ihre Freiheit. Es ist ein Treppenwitz der Geschichte, dass umgekehrt der einzige König Westfalens 1807 ausgerechnet ein Korse wurde: Jérôme Bonaparte, jüngster Bruder von Napoleon.

{ Christiane Kopka }

13.

1793: Revolutionärin im Reifrock

Die Frauenrechtlerin Olympe de Gouges

»Artikel 1: Die Menschen werden frei und gleich an Rechten geboren und bleiben es.« Es war wirklich revolutionär, was die französische Nationalversammlung unter Federführung des Marquis de La Fayette am 26. August 1789 verfasste. Die »Erklärung der Menschen- und Bürgerrechte« legte in 17 Artikeln Grundrechte fest, die ab sofort jedem Franzosen garantiert wurden. Jedem Franzosen? Doch nicht ganz. Ausgeschlossen von den Bürgerrechten waren Minderjährige, Geisteskranke, Kriminelle und Frauen.

Die Menschenrechte sollten also nur für weniger als die Hälfte der Menschheit gelten. Dass dies nur wenig Protest hervorrief, zeigt, wie selbstverständlich die Vorherrschaft der Männer im 18. Jahrhundert noch hingenommen wurde. Aber im revolutionären Paris meldeten sich Stimmen zu Wort, die für die Frauenrechte eintraten: So hatte der liberal denkende Marquis de Condorcet schon vor der Revolution das Wahlrecht für Frauen gefordert, und die kämpferische Théroigne de Méricourt setzte sich sogar für die Bewaffnung von Frauen ein. Olympe de Gouges hingegen stellte der »Erklärung der Menschenrechte« ganz einfach ihre »Erklärung der Frauenrechte« gegenüber. Damit war sie die konsequenteste Fürsprecherin der Frauen, vielleicht auch die leidenschaftlichste und unerschrockenste, ganz sicher aber nicht die diplomatischste. Sonst hätte sie sich kaum so unbedacht in eine Debatte gestürzt, die bald ihr Leben bedrohen sollte.

Am 7. Mai 1748 wurde Olympe de Gouges als Marie Gouze im südwest-französischen Montauban geboren. Niemand hätte damals vermutet, dass dieses kleine Mädchen eines Tages versuchen würde, die Welt auf den Kopf zu stellen. Ihre Mutter war Wäscherin, der Vater Metzger, so steht es jedenfalls im Geburtsregister der Stadt Montauban. Olympe präsentierte der Welt später eine weitaus romantischere Variante ihrer Herkunft: Demnach soll ihr leiblicher Vater der Adlige Jean-Jacques Le Franc de Pompignan gewesen sein, der in Paris lebte und Theaterstücke schrieb. Von der Hand zu weisen ist diese Geschichte nicht, denn dieser Mann unterhielt einige Jahre lang eine Affäre mit Olympes Mutter. Doch weder erkannte er das Mädchen als Tochter an, noch hat er sie jemals finanziell unterstützt. Damit blieb Olympe zunächst von Bildung, Wohlstand und Sicherheit ausgeschlossen. Sie konnte nicht viel mehr schreiben als ihren eigenen Namen, und sie sprach auch nur das im Süden Frankreichs verbreitete Okzitanisch. »Nichts hat man mir beigebracht«, klagte sie später, »da ich in einem Land aufwuchs, wo schlecht Französisch gesprochen wird, kenne ich nicht einmal die Grundregeln der Grammatik.«

Doch wer legte im 18. Jahrhundert schon Wert auf eine gebildete Frau? Olympe de Gouges war unzweifelhaft eine Schönheit, und das war es, was auf dem Heiratsmarkt zählte. Ein Zeitgenosse schwärmte von ihrer Erscheinung:

»Augen, aus denen Funken sprühten, das Feuer des Geistes und der Leidenschaft, wunderbares schwarzes Haar, dessen üppige Lockenpracht unter einem kleinen Spitzenhäubchen hervorquoll. Ein griechisches Profil und eine wunderbar gezeichnete Taille, die von einer Schärpe aus rosa Seide betont wurde.«

Olympe war gerade sechzehn, als sie dem jungen Louis-Yves Aubry im Theater auffiel. Ihre Eltern waren froh, das Mädchen an einen Mann verheiraten zu können, der als Koch in adligen Diensten ein ordentliches Auskommen hatte. Dass ihre Tochter sich unter Tränen dagegen sträubte, kümmerte sie nicht.

Ein Jahr nach der Hochzeit gebar Olympe einen Sohn, Pierre. Kurz darauf wurde Montauban von einer Überschwemmung verwüstet, in deren Folge eine Seuche auftrat, der auch ihr Mann zum Opfer fiel. Mit 18 Jahren war Olympe bereits Witwe und beschloss, ihr Leben selbst in die Hand zu nehmen. Sie gab sich als Erstes einen neuen, eleganten Namen: Aus der Metzgerstochter Marie Gouze, verwitwete Aubry, wurde Olympe de Gouges. Der kleine Partikel »de« sollte ihr einen adligen Anschein geben, ihr späterer Erzfeind Maximilien de Robespierre hat übrigens denselben Trick angewandt.

Aber was sollte sie nun tun, und wo sollte sie leben? Alle Sehnsüchte und Hoffnungen der lebenshungrigen, jungen Frau konzentrierten sich auf einen Ort: Paris.

Kurzerhand drückte Olympe ihren Sohn einer Amme in die Arme und zog in die Hauptstadt. Praktischerweise hatte sie inzwischen einen wohlhabenden Liebhaber gefunden, der es ihr ermöglichte, einen eigenen Hausstand zu gründen. Jacques Biétrix de Rozières, Sohn eines reichen Transportunternehmers, war hoffnungslos verliebt in die hübsche Witwe und legte ihr sein Vermögen bedingungslos zu Füßen. Heiraten wollte sie ihn nämlich nicht, sondern frei sein und das Leben in vollen Zügen genießen. Begeistert stürzte sie sich in das Leben der Pariser Halbwelt und konnte sogar in die Kreise der Prinzen königlichen Geblüts vorstoßen. Auf den glanzvollen Bällen im Palais Royal erschien sie reich geschmückt in Seide, Diamanten und Perlen und immer von einer Traube Herren umringt. Neben Biétrix kam wohl noch der eine oder andere Mann in den Genuss heimlicher Verabredungen mit Olympe de Gouges, und jeder von ihnen zeigte sich großzügig. War sie eine Prostituierte, wie es heute in manchen Geschichtswerken heißt? Das hätte sie empört von sich gewiesen. Und tatsächlich gab es einen Unterschied zwischen einer Dirne, die sich mal eben für ein Geldstück hingab, und einer »femme galante«, die diskrete Beziehungen ihrer eigenen Wahl unterhielt. Der Schriftsteller Louis-Sébastien Mercier, ein guter Freund von Olympe, der später mit seinem »Tableau de Paris« berühmt werden sollte, schrieb, die »femme galante« könne sich überall zeigen, in der Oper, im Theater oder auf Bällen, ohne dass jemand die Nase rümpfte.

Olympe vergaß weder Mutter noch Sohn und schickte beiden regelmäßig Geld. Ihr Vermögen gab sie später mit 80 000 Livres an. Das müßige Luxusleben reichte einer Frau von Olympes Tatendrang auf Dauer aber nicht. Mit 30 Jahren beschloss sie, ihr Leben zu ändern, brach mit Biétrix und kümmerte sich um ihre vernachlässigte Bildung. Sie lernte lesen und schreiben, zog in eine neue Wohnung und suchte die Nähe von Künstlern und Literaten. Die Ungerechtigkeit der Welt wurde ihr Thema. Sie engagierte einen Sekretär, diktierte ihm ihr erstes Buch, einen autobiografischen Roman. Darin lüftete sie das Geheimnis ihrer Geburt und sorgte für Getuschel. Es folgten zahlreiche Theaterstücke, von denen gleich ihr erstes ein heikles Thema aufgriff, die Sklaverei. In »Zamore und Mirza oder Der glückliche Schiffbruch« prangerte Olympe de Gouges mutig die Behandlung schwarzer Menschen an:

»Sie behandelten diese Menschen wie Tiere, wie Wesen, die der Himmel verflucht hat.« Das ungewöhnliche Stück wurde von der Comédie-Française angenommen, jedoch nicht direkt auf den Spielplan gesetzt. Die Autorin, ungeduldig und undiplomatisch, legte sich daraufhin mit den Schauspielern an und erwies ihrem Stück damit einen schlechten Dienst. Es sollte Jahre dauern, bis »Zamore und Mirza« uraufgeführt wurde. Mit ihrem Hang zu heftiger, spontan geäußerter Kritik verscherzte sich Olympe de Gouges wichtige Sympathien. Als der erfolgreiche Komödienautor Pierre Augustin Caron de Beaumarchais witzelte, die hochgelobten Theaterstücke Olympes könnten gar nicht von ihr selbst stammen, schleuderte sie ihm entgegen: »Männer Ihrer Sorte findet man überall, aber lassen Sie sich gesagt sein, dass es Jahrhunderte braucht, um Frauen wie mich hervorzubringen.«

Um das Jahr 1787 war Olympe de Gouges ein angesehenes Mitglied der Pariser Literaturszene. Zwischen Teegebäck und Portwein nahm jedoch die Politik bald mehr Platz in den Salongesprächen ein als die Literatur. Die Finanzen des französischen Staates waren zerrüttet, das Volk musste häufig hungern, wohnte und arbeitete unter elenden Bedingungen, während der Adel im Luxus schwelgte und von jeder Steuer befreit war. Die Intellektuellen debattierten über Bürgerrechte, alternative Regierungsformen und einen Gesellschaftsvertrag, doch die Meinungen waren gespalten: Während Jean-Jacques Rousseau der Auffassung war, kein Bürger dürfe einen andern besitzen und niemand dürfe so arm sein, dass er sich verkaufen müsse, hielt Voltaire ihm entgegen, Gleichheit sei zwar die natürlichste Sache der Welt – zugleich aber das größte Hirngespinst. Olympe de Gouges verfolgte die politischen Diskussionen aufmerksam. Von ganzem Herzen Royalistin und in festem Glauben an den Gerechtigkeitssinn des Königs, wollte sie sich auch mit eigenen Denkschriften zu Wort melden. Darin schlug sie 1788 vor, der Staat solle Wohltätigkeitshäuser errichten, die Wohlhabenden müssten freiwillig Steuern zahlen, die man – eine ungewöhnlich moderne Idee – nach Anzahl ihrer Diener, Pferde und Wagen berechnen könnte.

Paris wurde in jenen Jahren von Denkschriften regelrecht überschwemmt. Die Qualität dieser Beiträge war sehr unterschiedlich, und man muss fairerweise anmerken, dass Olympes Pamphlete häufig nicht genügend durchdacht, dafür aber pathetisch und selbstgefällig im Ton waren. Als die Revolution am 14. Juli 1789 wirklich in Gang kam, trug Olympe, elegant in Seidenrobe und Hut gekleidet, ihre Vorschläge für Ludwig XVI. höchstpersönlich zum Schloss in Versailles. Sie riet dem König darin, abzudanken, aber da sie nicht vorgelassen wurde, erfuhr er nichts davon.

Dass sie wegen ihrer unverblümt geäußerten Ansichten einmal in Gefahr geraten würde, konnte sich Olympe de Gouges zu diesem Zeitpunkt nicht vorstellen. Sprach nicht aus jedem ihrer Texte leidenschaftlicher Patriotismus und große Sorge um das Vaterland? Unbekümmert ließ sie eine Schrift nach der anderen drucken, verteilen oder an die Mauern von Paris kleben. Dass der Graf von Mirabeau, immerhin Präsident der Nationalversammlung, sich lobend über ihre Ansichten äußerte und schrieb, er sei von ihren Gedanken berührt, stimmte sie glücklich und gab ihr neuen Auftrieb. Und endlich glaubte sie auch, den Schlüssel zu der Frage gefunden zu haben, warum die meisten ihrer Aufrufe ungehört verhallten. Es hatte offensichtlich nichts mit ihren mangelnden Kenntnissen zu tun – zu denen sie sich schon fast kokett immer wieder bekannte –, sondern ihre Meinung wurde übergangen, weil sie eine Frau war.

Deshalb verfasste sie im September 1791 ihr berühmtestes Manifest »Die Rechte der Frau – An die Königin«. Es war einer der frühesten Texte überhaupt, in denen gleiche Rechte für Frauen gefordert werden, und diesmal ließ die Autorin nichts an Klarheit und Schlüssigkeit zu wünschen übrig. Sie begann mit der Frage: »Mann, bist du fähig, gerecht zu sein? … Sag mir, wer hat dir die unumschränkte Herrschaft verliehen, mein Geschlecht zu unterdrücken?«

Olympe kam schnell auf den Punkt und verlangte, Frauen sollten in die Nationalversammlung aufgenommen werden. Weiter kritisierte sie: »Ihr habt erklärt, dass alle Personen gleich sind. Ihr habt bewirkt, dass einfache Hüttenbewohner gleichberechtigt neben Prinzen gehen. Und doch duldet ihr alle Tage, dass 13 Millionen Sklavinnen die Ketten von 13 Millionen Tyrannen tragen.«

Im Zentrum des Manifestes stehen die Artikel, die unter dem Namen »Erklärung der Bürger- und Menschenrechte« bekannt geworden sind, nur dass im Unterschied zum Original von 1789 diesmal die Frauen ganz ausdrücklich genannt werden, wie in Artikel 1:

»Die Frau ist frei geboren und bleibt dem Mann gleich in allen Rechten.«

Doch war Olympe de Gouges keinesfalls der Meinung, Frauen seien den Männern gleich und müssten daher exakt gleich behandelt werden. Sie vertrat auch nicht die These, Frauen sollten dasselbe tun wie Männer. Hingegen passte sie die einzelnen Artikel den speziellen Lebensbedingungen der Frauen an, beharrte aber darauf, dass ihnen als mündigen Bürgerinnen dasselbe Recht zur Partizipation zugestanden werden müsse wie den Männern. Auch wollte Olympe de Gouges die Frauen durch einen Ehevertrag besserstellen und sie aus Besitzlosigkeit und Abhängigkeit erlösen. Sie hatte erkannt, dass der Zustand einer Gesellschaft vom Grad der Anerkennung von Frauen abhängig war.

Leider wurde auch dieses Manifest weitgehend ignoriert, was vielleicht damit zu tun hatte, dass Olympe es der Königin Marie Antoinette gewidmet hatte. Die für Frauenrechte aufgeschlossenen Kreise wollten mit der Königin nichts mehr zu tun haben. Doch Olympe war dem Zeitgeist näher, als sie selbst wusste. Ein Jahr nach ihrem Aufruf veröffentlichte der deutsche Schriftsteller Theodor Gottlieb Hippel eine Streitschrift, in der er die provozierende Frage stellte: »Warum sollen die Weiber keine Personen sein?« Ebenfalls im Jahr 1792 erschien in England die »Verteidigung der Frauenrechte« von Mary Wollstonecraft. Olympe de Gouges' Werk konnte sich durchaus neben den anderen Schriften behaupten, war sie doch die Einzige, die konsequent die Menschenrechte in Frauenrechte »übersetzte«. Aber die Autorin selbst blieb isoliert, schloss sich keiner Bewegung an, erhielt wenig Beifall.

Die Revolutionäre betrachteten die Frauenrechte – wenn sie sie überhaupt wahrnahmen – mit zynischem Lächeln als Weibergeschwätz und schienen zu vergessen, dass die Frauen Seite an Seite mit ihnen auf den Barrikaden standen. Doch die engagierte Schriftstellerin legte nach und mischte sich weiterhin in die politische Diskussion ein. Als die Revolution damit begann, ihre Kinder zu fressen und sich ein Terrorregiment herausbildete, schlug Olympe de Gouges neue, schrille Töne an. Die Jakobiner reagierten empört: »Wir fordern Madame de Gouges auf, sich weniger leichtfertig in der Wahl der Verfasser ihrer Reden und anderer Werke zu zeigen.« Wieder einmal wollte man ihr unterstellen, ihre Texte nicht selbst abgefasst zu haben. Sie war gekränkt, aber nicht verschreckt. Heftig beschimpfte sie die Mitglieder des Revolutionstribunals, nannte sie Verbrecher, Todfeinde der Ordnung oder fauliges Ungeziefer: »Du tust mir leid, Robespierre, und du flößt mir Abscheu ein … Marat! Dein Atem verpestet die reine Luft. Wen willst du noch bekriegen, und nach wessen Blut dürstet es dich noch?«

Am 20. Juli 1793 wurde Olympe de Gouges verhaftet und ins Gefängnis geworfen. Anlass war eine Denkschrift, in der sie forderte, das Volk solle selbst über die Staatsform seines Landes entscheiden. So viel Gedankenfreiheit konnte die Revolutionsdiktatur nicht tolerieren. Das Sondergericht für Andersdenkende zog den Fall an sich und verurteilte die kämpferische Autorin, weil sie einen »Anschlag auf die Volkssouveränität« verübt habe, zum Tod. Am 3. November 1793 wurde Olympe de Gouges auf der Place de la Révolution, der heutigen Place de la Concorde, geköpft. Wenn Frauen das Schafott besteigen dürften, so hatte sie einmal gesagt, dann sollten sie auch die Rednerbühne besteigen dürfen. Das grausame Revolutionstribunal gewährte ihr nur das Schafott.

Mit ihrem Tod verstummte die Stimme, die es gewagt hatte, auszurufen: »Frau, wache auf! Die Sturmglocke der Vernunft verschafft sich auf der ganzen Welt Gehör. Erkenne deine Rechte!«

Innerhalb der nächsten Monate wurde den Frauen in

Frankreich verboten, sich öffentlich in politische Angelegenheiten einzumischen oder Abordnungen zu schicken. Auch durften Frauen keine Petitionen mehr einreichen, keine politischen Zusammenkünfte, Clubs oder Volksgesellschaften besuchen und nicht einmal mehr auf der Zuschauertribüne des französischen Nationalkonvents erscheinen.

Es dauerte Jahrhunderte, bis der Appell von Olympe de Gouges gehört wurde. Erst in den Siebzigerjahren des 20. Jahrhunderts entdeckte die Frauenbewegung ihre Schriften. Vollständig erforscht sind sie noch nicht, und noch immer fehlt eine Gesamtausgabe ihrer Werke, geistern unterschiedliche Jahreszahlen und Fakten durch ihre Biografien. Damit hatte sie wohl nicht gerechnet. Eines aber hatte sie hellsichtig prophezeit:

»Meine Stimme wird sich noch aus des Grabes Tiefe Gehör zu verschaffen wissen.«

{ Maren Gottschalk }

14.

1853: Sissis Schattenfrau
Die Kaiserin als Kupplerin

Österreichs Kaiser Franz Joseph, wir wissen es durch die Sissi-Filme, entschied sich für die Liebe und heiratete statt der zugedachten bayerischen Prinzessin deren Schwester Elisabeth – die Sissi. So weit, so romantisch. Doch das Paar lebte sich schnell auseinander. Er der disziplinierte, trockene Aktenfresser, sie die exzentrische Glamour-Queen, ständig unterwegs. Damit Sissi freie Bahn für ihre Reisen hatte, verkuppelte sie ihren Franz Joseph schließlich mit der Wiener Schauspielerin Katharina Schratt. Davon sehen wir in den Sissi-Filmen natürlich nichts – sind aber umso neugieriger …

Ja, Sissi mochte ihn bis zum Schluss, ihren anhänglichen Franz Joseph, den Kaiser mit dem weißen Backenbart. Doch sein Alltag war nichts für sie: Morgens um halb vier stand er schon auf, es folgten Morgengebet, Aktenstudium, dann Frühstück und eine Zigarre. Anschließend wieder ab an den Schreibtisch – ein Beamter seines Staates. Nach dem zweiten Frühstück und einem Spaziergang waren die Untertanen an der Reihe: Der gutmütige Kaiser gab oft über 100 Audienzen am Tag, er war ein Monarch des Volkes, zum Anfassen nahe. Nicht weil er das liebte, sondern aus Pflichtgefühl. Ein erzkonservativer Verwalter des österreichischen kaiserlich-königlichen Stillstands und des allmählichen Niedergangs. Ein Mann ohne Ideen.

Und Sissi, die Kaiserin? Sie war das Gegenteil. Sie beugte sich keiner staatsmännischen Disziplin, sie brauchte Luft, Freiheit und Sport. Ständig war sie unterwegs auf der Suche nach sich selbst und einem Sinn, eine Hobby-Dichterin und rabiate Republikanerin mit schlichter Logik: »Gäbe es keine Fürsten, gäbe es keine Kriege.« Für ihren Franz Joseph waren die Ideen seiner Frau nichts als »Wolkenkraxeleien«. Die Kaiserin provozierte die kaiserliche Welt, wo sie konnte; in ihren Schlössern hingen statt der Ahnengalerie Porträts von Sissis Lieblingshunden und -pferden an der Wand. Ihre Turngeräte in der Hofburg einschließlich Ringen, Reck und Hanteln sind dort bis heute zu bewundern. Aber die Kaiserin war sowieso fast nie da, eine krankhaft Getriebene, sagt der Wiener Publizist Georg Markus: »Sie wollte nicht nur weg vom Hof, sie wollte auch weg von ihrem Mann. Sie hatte eine Art Magersucht, mit der auch jegliches Interesse an Sexualität verloren ging. Dass Katharina Schratt sie in jeder Weise vertreten würde, war ihr sehr recht.«

Die Schratt Sissi vertreten? In jeder Weise? Tatsächlich schaffte es Katharina Schratt 30 Jahre lang, die heimliche Mätresse des Kaisers zu sein. Allerdings war sie nicht die erste. Lange vor ihr hatte der Kaiser beim Spaziergang im öffentlich zugänglichen Schlosspark von Schönbrunn die bildhübsche, junge Anna Nahowski kennengelernt. Deren Mann, ein Eisenbahner, musste erdulden, dass der Kaiser seine Frau liebte. »Das war immer sehr ähnlich. Der Kaiser fand eine junge Frau, die ihm gefiel, er kaufte ihr eine Villa, die unmittelbar an sein Schloss grenzte, sodass alles leicht zu handhaben war, und aus dieser Beziehung mit Anna Nahowski, die vor der Schratt war, gingen zwei Kinder hervor«, erklärt Georg Markus, der eine umfassende Biografie über Katharina Schratt geschrieben hat.

Die Schauspielerin Katharina Schratt war schon vor ihrer Zeit mit dem Kaiser ein Mega-Star, geboren 1853 in Baden bei Wien. Katharinas Vater war ein einfacher Papierwarenhändler, doch »die Kathi« schaffte es mit ihrer natürlichen Art bis ganz nach oben und verdrehte Monarchen reihenweise den Kopf. Georg Markus: »Sie war sicherlich der Typ Frau, der damals begehrt war. Sie war das Gegenteil der spartanisch-dünnen Sissi, weil sie voluminös war, einen großen Busen und sicherlich unglaublichen Charme, Persönlichkeit und Witz hatte. Auf all das flogen die Männer, bis hin zu einigen Kaisern.«

Der erste Kaiser war der deutsche. Wilhelm I., vom Gemüt dem Österreicher durchaus ähnlich, sah die Schratt bei einem Engagement in Ems an der Lahn, seinem sommerlichen Kurort, sodass ein Wiener Journalist nach Hause berichtete: »Besonders Kaiser Wilhelm hat auch an Fräulein Schratt – um uns nobel auszudrücken – einen Narren gespeist.« Die Kollegen in Wien waren nicht so restlos von ihr begeistert. Der Schauspieler-Kollege Hugo Thimig notierte in sein Tagebuch: »Ein tief liegendes, raues Organ. Manchmal drollig. Keine Vertiefung und Innerlichkeit.« Und ein anderer Kritikaster befand lapidar: »Mit dem Singen ist es freilich nichts.« Da hatte er wohl recht.

Doch das störte das Publikum in keiner Weise. Abends bildeten sich in Wien vor dem Bühnenausgang Schlangen mit Hunderten Fans, die ein Autogramm von der Kathi wünschten oder einmal ihr Kleid berühren wollten. Die meisten von ihnen waren so arm, dass sie sich niemals die teuren Karten hätten kaufen können, um ihr Idol einmal leibhaftig auf der Bühne zu erleben. Sie trat vor allem in Boulevardkomödien auf, aber selbst Theodor Fontane war begeistert. »Ich konnte mich dem Zauber dieser Erscheinung nicht entziehen«, schrieb er in Berlin.

Die rotblonde Schratt lebte auf großem Fuß, sie war ständig pleite. »Ich kann leider nicht kommen, weil alle meine Kleider gepfändet sind und ich kein Geld habe, mir andere zu kaufen«, so begründete sie einmal das Fernbleiben von einer Abendgesellschaft. Sie war durchaus gutmütig, kein kalter Engel, doch sie brauchte dringend einen Mann mit Geld – und entschied sich für einen feinen, monokeltragenden, ungarischen Aristokraten aus dem diplomatischen Dienst: Nikolaus von Kiss de Ittebe. Sie ließ sich blenden und merkte erst auf der Hochzeitsreise, dass der Ungar so hoffnungslos verschuldet war wie sie selbst. Die Gläubiger reisten dem Traumpaar hinterher. Ein Sohn entstammte dieser Verbindung, doch nach kurzer Zeit trennten sich Kathi und der Ungar, blieben aber verheiratet.

Der zweite Kaiser, dem Kathi auffiel, war der russische Zar. Bei seinem Besuch im damals österreichischen Kremsier 1885 war auch das Ensemble des Burgtheaters nach einer Vorstellung zum Umtrunk eingeladen, und Kaiserin Sissi bemerkte, wie herzlich ihr Mann beim Gespräch mit der Schratt lachte und wie eifersüchtig er den Zaren beobachtete. Sissi schritt zur Tat: Sie ließ die Schratt vom besten Wiener Maler porträtieren und schenkte ihrem Mann das Bild zum Geburtstag. Ihre Kuppelei hatte Erfolg. Schon bald trafen sich Kathi und der Kaiser. Ihm tat die etwas freche und tratschfreudige, junge Schauspielerin gut, berichtet Schratt-Biograf Georg Markus: »Er ist schon mit

18 Jahren Kaiser geworden, und da war plötzlich eine natürliche Frau, die frei von der Leber mit ihm ganz einfache und natürliche Dinge besprochen hat. Sie erzählte ihm als Einzige, wie es da draußen wirklich zuging.«

Der Kaiser war 56, als sie sich kennenlernten, sie 33. Er kaufte ihr Villen in seiner Nähe. Eine am Schloss Schönbrunn, eine an der Hofburg in der Innenstadt. Auf die Minute pünktlich morgens kurz nach halb sieben kam er in Schönbrunn immer angelaufen, dann musste die Schratt fertig angekleidet und frisiert an der Gartentreppe bereitstehen, auch wenn sie am Vorabend gespielt hatte. Bei der Schratt gab es dann ein zweites Frühstück mit Gugelhupf – ganz Wien buk den Schratt'schen Gugelhupf bald nach. Anspruchsvolle Themen gab es nie, stattdessen tratschten die beiden, vor allem über das Burgtheater und seine Schauspieler; eine Lästerei, die sich auch in ihren Briefen niederschlug. Kaiser Franz Joseph: »Stimmt es, daß dem Schauspieler Louis Nötel die linke kleine Zehe, wieder die Folge einer Hühneraugenoperation, amputiert werden musste?« Nötel starb »trotz abgeschnittener Zehe«, und der Kaiser schrieb seiner Geliebten: »Welches Glück, dass Sie keine Hühneraugen besitzen.«

Die Schratt war selbst Mitglied des Ensembles am Burgtheater; eine Schlangengrube, in der sich die Mätresse des Kaisers behaupten musste. Sie machte den Fehler, dass sie sich um die Protektion des Kaisers bemühte; das mögen Theaterleute überhaupt nicht.

Wenn er die Kathi täglich um sich hatte und mit ihr lachen konnte, dann war der Monarch zufrieden, vor allem in Bad Ischl, wo er seine Sommer verbrachte. Dort wurde dezent sogar ein Steg über den Fluss angelegt, damit er zu Fuß schneller zu seiner Kathi kommen konnte. Doch die Schratt hatte verschiedene Leidenschaften: Sie war spielsüchtig, reiste oft wochenlang nach Monte Carlo und verjubelte dort Unsummen. Am Ende musste sie immer einer retten: der Kaiser. »Sie scheinen aber dieses Mal wirklich arg gespielt zu haben … Wenn ich richtig zwischen den Zeilen lese, so haben Sie Ihr Reisegeld verspielt und werden daher welches pumpen müssen, um die Heimat wieder erreichen zu können.« Der Kaiser litt – und zahlte Unsummen.

Auch anderen Männern machte die Schratt schöne Augen. Besonders zugewandt war ihr König Ferdinand I. von Bulgarien, ein feinsinniger Monarch mit hohem Kunstverstand, der die Schratt immer besuchte, wenn er in Wien war, eifersüchtig beäugt vom Kaiser. »Ich bin Ihnen gegenüber immer ganz offenherzig, und Sie sind es nicht. Das erzeugt recht schwarze Gedanken.« Zu recht, denn seit Kurzem wissen wir amtlich, dass die Schratt parallel zum Kaiser noch einen anderen Mann kennen- und lieben lernte: Hans Graf Wilczek, einer der reichsten Männer Österreichs. Etwas jünger als der Kaiser mit dem Backenbart, Sportsmann von zwei Metern Größe, Abenteurer und ein äußerst populärer Kunstmäzen in der Wiener Gesellschaft.

Im heißen Sommer 1886 traf sich Kathi nicht nur mit dem Kaiser zum Gugelhupf, sondern auch mit Wilczek zu heißen Nächten. Das beweisen 18 Briefe, die das Hofmobilienamt in Wien im Jahr 2010 kaufte. Der schöne Graf schrieb der Kathi Zeilen wie diese: »Kathi, wie gut warst du in der Nacht für mich – wie noch nie – ich fühle deine Hand – sie hat ja mein ganzes Leben berührt, ich fühle deine Küsse so warm, so heiß …« Das reicht für das Bundesdenkmalamt in Wien als Beweis, »dass Wilczek auch Liebhaber der Schratt war.« Die Liaison ist somit von Amts wegen bestätigt. Der Kaiser wusste es auch so – er war nicht blind – und reagierte angefressen auf solche Stelldichein: »Nie hätte ich mir erlaubt, Sie zu ersuchen, Wilczek nicht zu empfangen. Ich war eben nur wieder eifersüchtig, da ich Sie so lieb habe (zerreißen Sie gleich diesen Brief).« Sie zerriss ihn offensichtlich nicht, war aber zerrissen zwischen beiden Männern und musste, so Georg Markus, sich für einen entscheiden. Sie nahm den Kaiser. Aus profanen Gründen, mutmaßt ihr Biograf: »Er hat sie geliebt, würde ich sagen, sie hatte ihn gern und eine große Achtung vor ihm, aber dieser Reiz der finanziellen Zuwendung, da konnte sie nicht Nein sagen.«

Der Kaiser war kein Don Juan, sondern ein vorsichtiger Monarch, der häufig, um nicht anzuecken, seine Lieblingsfloskel sagte: »Es war sehr schön, es hat mich sehr gefreut.« Doch trotzdem war er ein Mann. Das hatte er ja schon bei Anna Nahowski bewiesen, und Schratt-Biograf Georg Markus ist sicher, dass es auch in der Schratt'schen Villa nicht beim Gugelhupf-Essen blieb: »An das Platonische glaube ich nicht, denn es gibt ja doch Briefstellen, die eindeutig beweisen, dass eine Intimität stattgefunden hat.« »Mein heißgeliebter Engel«, so konnten Briefe vom Kaiser beginnen, »dieses ist mein letzter Brief vor dem ersehnten, endlichen Wiedersehen. Mit der Hoffnung, Sie, den Zeitumständen entsprechend, endlich wieder einmal zu Bett zu finden, was Sie mir auch halb und halb versprochen haben.« Kathi antwortete in ähnlicher Weise: »Ich denke Tag und Nacht an Eure Majestät und erwarte mit unsagbarer Sehnsucht die endliche Rückkunft.« Und dann schickte sie noch »Gedankenküsse« auf »Hand und Mund«.

Und Sissi? Die reiste derweil durch die Welt, segelte

durch das Mittelmeer, unternahm Gewaltmärsche, lernte Fechten. Ansonsten lebte sie meist auf ihrem ungarischen Schloss oder dem auf Korfu. Die Kaiserin, eine begeisterte Sportlerin, wurde immer dünner; bei einer Körpergröße von 1,72 Metern hungerte sich Sissi zeitweise bis auf 43,5 Kilo herunter, an den Beinen Hungerödeme – eine Magersüchtige. Auf solch eine Wespentaille war die kräftiger gebaute Katharina Schratt neidisch. Hobby-Dichterin Sissi, die sich selbst in diesem Gedicht als Titania tituliert, nahm ihre Vertreterin in Versform auf die Schippe:

»Sie schnürt den Bauch sich ins Korsett,
Daß alle Fugen krachen,
Hält sich gerade wie ein Brett
Und ›äfft‹ noch andre Sachen.

Im Häuschen der Geranien.
Wo alles so fein und glatt,
Dünkt sie sich gleich Titanien,
Die arme dicke Schratt.«

Da konnte die »dicke« Schratt nicht mithalten. Im Dichten war sie wenig talentiert und suchte sich diese Zeilen zusammen:

»Ich bin leider sehr kummervoll,
Da ich nicht weiß, was ich schreiben soll,
Ihr ahnt nicht, von der Mus' geküßt,
Princeß, wie schwer mir's Dichten ist.«

Abgesehen von solchen gelegentlichen Reibereien verstanden sich Sissi und Kathi allerdings prächtig. Die Schratt lief für das Hofprotokoll offiziell als Freundin der Kaiserin und hatte so leichten Zugang im Schloss Schönbrunn, und sie war auch eine gute Trösterin in den vielen Katastrophen, die auf das Kaiserhaus zukamen. Die erste war der Selbstmord des Thronfolgers Rudolf. Er erschoss 1889 auf Schloss Mayerling zuerst seine Geliebte Mary von Vetsera und dann sich selbst. Katharina Schratt war dabei, als die Katastrophenmeldung in der Wiener Hofburg eintraf. Mit ihrem Trost eroberte sie das Herz des Monarchen endgültig. Der trennte sich von der Nahowski und konzentrierte sich ganz auf Katharina Schratt.

Sissi reiste nur noch in Schwarz, voller Todessehnsucht, Leibwächter lehnte sie ab. Knapp zehn Jahre nach dem Selbstmord ihres Sohnes wurde sie am Genfer See das Opfer eines Anarchisten. Der Italiener Luigi Lucheni stieß der Kaiserin eine angespitzte Feile in die Brust, die 60-jährige Sissi fiel kurz darauf in Ohnmacht und starb an inneren Blutungen. »Mir bleibt nichts erspart auf dieser Welt«, so reagierte der Kaiser und schrieb tief bewegt an einen Grafen: »Sie wissen nicht, wie ich diese Frau geliebt habe.« Daran besteht kein Grund zu zweifeln.

Das Verhältnis des Kaisers zur Schratt kühlte sich nach Sissis Tod vorübergehend ab. Sie hatte nun nicht mehr so leicht Zugang bei Hofe und wurde darüber launisch, kündigte am Burgtheater und ließ den Kaiser, der sie dort nicht, wie erhofft, festgehalten hatte, einige Zeit lang links liegen. Sie reiste wie Sissi und entzog sich, doch am Ende kamen sie wieder zusammen – und heirateten sogar. Das konnte Schratt-Biograf Georg Markus mit vielen Zeugnissen glaubhaft darlegen. Danach haben Kaiser Franz Joseph und Katharina Schratt, nach dem Tod ihres Ehemannes, 1910 eine sogenannte »Gewissensehe« geschlossen. Die katholische Kirche erlaubt solche Geheimehen, wenn eine öffentliche Eheschließung den Beteiligten nicht zuzumuten ist. Es war damals unvorstellbar, dass in Österreich der Kaiser die Tochter eines Papierwarenhändlers ehelichte. Er tat es offenbar doch.

1916, mitten im Ersten Weltkrieg, starb der greise Kaiser im Alter von 86 Jahren. Mit seinem Tod war auch Katharina Schratt sofort für den Wiener Hof gestorben, erklärt Georg Markus: »Sie durfte nicht einmal zum Begräbnis gehen und lebte die letzten Jahre ihres Lebens sehr zurückgezogen.« Das waren immerhin noch 24 Jahre. Katharina Schratt, Sissis Schattenfrau, starb erst 1940; sie wurde genauso alt wie ihr Geliebter, 86. Bis zu ihrem Tod lebte sie vom Verkauf dessen, was der Kaiser ihr geschenkt hatte, vor allem Schmuck und Häuser. Eine alte Frau, die immer frommer wurde und täglich in die Kirche ging; am liebsten besuchte sie die Krypta der Kapuzinergruft, in der ihr Kaiser begraben lag. Sie widerstand aber der Versuchung, aus ihrer Beziehung mit Franz Joseph Kapital zu schlagen, betont ihr Biograf: »Sie hätte Millionen bekommen können, und sie hat bis zu ihrem Tod geschwiegen.«

{Heiner Wember}

15.

1890: Ein Schuss im Kornfeld

Der mysteriöse Tod des Vincent van Gogh

Ein Feld aus Gold unter blauem Himmel. Weich bewegt der Wind das Weizenmeer. Die trockenen Halme flüstern das Wiegenlied des Sommers.

Da fällt der Schuss. Zerfetzt den stillen Tag. Krähen schießen auf, ihre rauen Schreie gellen über die Ebene. Einsam zurück im Feld bleibt ein Mann. Flammende Haare, roter Bart. Durch sein Hemd sickert Blut. Er hat die Arme vor dem Bauch verschränkt, als wolle er sich selbst umarmen.

»Am Sonntag, dem 27. Juli, hat sich ein gewisser van Gogh – 37 Jahre alt, niederländischer Maler auf Durchreise in Auvers – in den Feldern mit einem Revolver angeschossen.« So steht es im ersten Zeitungsartikel, der über den Tod des Künstlers berichtet hat. Er ist elf Tage nach dem Geschehen im »L'Écho Pontoisien«, dem Lokalblatt der kleinen französischen Stadt Auvers-sur-Oise, erschienen. Ein altes Schloss, ein funkelnder Fluss, kleine Steinhäuser an den Hängen, blühende Gärten – ein malerisches Paradies! Hier hat van Gogh die letzten siebzig Tage seines Lebens verbracht und über achtzig Bilder geschaffen. Die meisten von ihnen: sonnig, leicht und farbenfroh.

Was hat den Meister der lebendigen Farben so verzweifeln lassen, dass er an einem Sommertag keine Hoffnung mehr sah? Bis heute bleibt sein Tatmotiv ebenso unklar wie der genaue Tathergang und Tatort. Im ersten Zeitungsartikel ist vage von »Feldern« die Rede. Auvers liegt wie eine Insel im Weizenmeer. Doch wer sich durchfragt, der findet eine Tafel an einem Feldweg unweit des Friedhofes, wo der Maler begraben liegt. Sie zeigt eines der letzten Bilder, die hier entstanden sind: »Krähen im Kornfeld«. Darauf verdunkelt ein Krähenschwarm den Himmel über einem wogenden Kornfeld. Und darin führt ein Weg ins Nichts. Vincent hat das Motiv zehn Tage vor seinem Selbstmord gemalt. Für manche Kunst-Experten ein angekündigter Tod in Öl.

Im Ort geht man indes von einem anderen Schauplatz aus. Ein Bild, das im Tourismusbüro zwischen Van-Gogh-Postern, Tassen und T-Shirts hängt, zeigt einen abschüssigen Weg zwischen Lehmhäusern und einer Mauer. »Der Ort, an dem sich Vincent umgebracht hat« steht darunter und der Name des Künstlers: »Louis van Ryssel«. Das Gemälde ist 14 Jahre nach der Tat entstanden. »Louis van Ryssel war der Sohn des Arztes, der van Gogh zuletzt behandelt hat«, klärt die Frau vom Tourismusbüro auf. »Eigentlich hieß er Paul Gachet. Sein Vater war dabei, als van Gogh an seiner Schussverletzung gestorben ist.« Später, als dieser Doktor Gachet selbst auf dem Sterbebett lag, habe er seinem Sohn seine Erinnerungen diktiert: »Zwischen sieben und halb acht Uhr abends hat sich Vincent auf der Ebene hinter dem Schlosspark mit einem Revolver in der Nähe des Herzens angeschossen. Er ist in die ungefähr 800 Meter entfernte Herberge zur Familie Ravoux zurückgekehrt.«

Auch die Wirtstochter Adeline Ravoux hat Einzelheiten geschildert – allerdings erst 50 Jahre nach der Tat: »Vincent ist in die Weizenfelder hinter dem Schloss gegangen. Es war einen halben Kilometer von uns entfernt. Im Verlauf des Nachmittags – so hat mein Vater verstanden – hat er sich auf der Straße hinter der Schlossmauer angeschossen und ist ohnmächtig geworden.«

Hinter der Schlossmauer bietet sich heute ein anderes Bild. Lehmhütten und Felder sind verschwunden. Der historische Ort ist planiert, geteert und mit Einfamilienhäusern bebaut. Nur die alte Schlossmauer ist identifizierbar. Auch hier ist eine Tafel angebracht; mit dem letzten Selbstbildnis von Vincent van Gogh. Es sei an dem Ort aufgestellt worden, an dem sich Vincent die Kugel gab.

Wer sich von hier aufmacht zur Pension der Familie Ravoux, der braucht mehr als 1000 Schritte. Dann erreicht der Besucher das Haus, wo Vincent schwer verletzt gestorben ist. Das Restaurant von damals existiert noch. Die beiden Zimmer im Obergeschoss sind für neugierige Touristen konserviert. Das alte Holz der ausgetretenen Treppe ächzt.

»Er war ein starker Mann!«, sagt Anne-Claire bewundernd. Die junge, rothaarige Angestellte des Van-Gogh-Hauses macht im Sommer täglich Führungen. »Er ist an jenem Abend allein zurückgekommen aus den Feldern.« Seine Gastgeber – die Angehörigen der Familie Ravoux – warteten noch mit dem Abendessen auf ihn. Normalerweise verpasste Vincent nie eine Mahlzeit. An den Abend erinnert sich die Tochter des Wirts, Adeline, später so: »Wir standen vor der Haustür, um ein wenig frische Luft zu schöpfen. Als wir Monsieur Vincent wiederkommen sahen, muss es etwa neun Uhr abends gewesen sein. Er ging gebeugt, hielt sich den Magen und übertrieb seine Gewohnheit, eine Schulter höher zu ziehen als die andere. Meine Mutter sagte zu ihm: ›Monsieur Vincent, wir haben uns Sorgen gemacht. Ist etwas Schlimmes passiert?‹ Er antwortete mit leidender Stimme: ›Nein, aber ich habe mich …‹« Dann soll Vincent die Stufen hinaufgeklettert sein zu seiner letzten Zuflucht.

Die Tür geht knarrend auf und gibt den Blick frei in einen Raum, der nicht größer ist als eine Abstellkammer. »Glücklicherweise war es ein Selbstmord!«, lächelt die Führende nicht ohne Zynismus. »Deshalb ist dieses Zimmer nicht wieder vermietet worden. Man dachte, das bringe Unglück für die anderen Gäste. Alles ist so geblieben, wie es damals war.« Die Kammer ist spärlich möbliert, mit einem wackeligen Stuhl und einem kleinen Einbauschrank. Die Wände sind rissig und schmutzig, durch eine fast blinde Dachluke fällt etwas Tageslicht.

»Die ganze Welt kommt, um diese sieben Quadratmeter zu sehen. Dabei gibt es hier nichts«, gesteht Anne-Claire. »Und doch ist der Raum voll mit Gefühlen.« Das Sterbebett hinter der Tür fehlt. Dort muss Vincent gelegen haben. Wie hat die Wirtstochter den Moment beschrieben, als das Unglück offenkundig wurde? »Mein Vater ging nach oben, und er fand Monsieur Vincent kauernd auf dem Eisenbett. ›Was ist los?‹, fragte mein Vater. ›Haben Sie sich etwas angetan?‹ Vincent hob sein Hemd und zeigte ihm eine Wunde in der Nähe des Herzens. Mein Vater schrie ihn an: ›Sie Unglücklicher! Was haben Sie getan!‹ – ›Ich habe versucht, mich zu erschießen – und dieses Mal habe ich es hoffentlich nicht vermasselt.‹«

Zwei Tage dauert der Todeskampf des Vincent van Gogh. Die hinzugerufenen Ärzte können die Pistolenkugel, die im Brustkorb unter dem Herzen festsitzt, nicht entfernen. Theo van Gogh, dem die Kunstwelt einen Briefwechsel mit Vincent von über 800 Dokumenten zu verdanken hat, eilt von Paris aus in die Provinz und wacht am Bett seines geliebten Bruders. Er notiert die letzten Worte des Künstlers: »Ich wünschte, ich könnte auf diese Weise gehen.« Sein Wunsch erfüllt sich am 29. Juli 1890.

In den letzten Stunden bekommt Vincent noch Besuch von der Polizei. Zwei Beamte konfrontieren ihn mit dem Vorwurf des Selbstmordes. Vincent gibt zu Protokoll: »Mein Körper gehört mir – und ich allein entscheide, was damit geschieht.« Zum Verbleib der Tatwaffe sagt er nichts. Alain Rohan will sie gefunden haben. Auf dem Schreibtisch des ergrauten Vizepräsidenten des Tourismusbüros liegt eine kleine, verrostete Pistole. »Ein Bauer hat sie Ende der Fünfziger-, Sechzigerjahre entdeckt. Er ist beim Pflügen der Felder hinter dem Schloss darauf gestoßen.« Der Waffenliebhaber habe sich aus Leidenschaft dem alten Fund angenommen, zumal er schnell gesehen habe, dass sie aus der Zeit van Goghs stammte. Es sei auch keine militärische Waffe, sondern eine Art Schreckschusspistole. »Dafür schießt sie nicht druckvoll genug.« Diese Aussage deckt sich mit einem Bericht, wonach Vincent sich vor dem Verlassen der Herberge eine Pistole ausgeliehen habe. Er wollte angeblich Krähen verjagen, die ihn beim Malen stören. Ebenso könnte dies erklären, warum van Gogh den Schuss noch so lange überlebt hat. Und schließlich sehe man der Waffe mit ihren Korrosionsspuren an, dass sie ungefähr 60 bis 70 Jahre in der Erde gelegen habe. Experten der lokalen Polizei und des Waffenmuseums in Lyon stützen diese These. Doch handfeste Beweise fehlen. »Die Waffe hat keine Seriennummer, es gibt keine Möglichkeit, Fingerabdrücke oder DNA-Spuren zu nehmen.« So bleibt offen, ob es sich bei dem Fund um eine wahre Sensation handelt oder nur um eine weitere gute Geschichte, um Touristen nach Auvers zu locken.

Zumindest das Grab des Vincent van Gogh existiert nachweisbar. Die Ruhestätte des rastlosen Genies liegt in einem grauen Garten aus Steinplatten. Sein Platz ist an der Friedhofsmauer. Selbst im Tod ist Vincent ein Außenseiter, rang er doch schon zu Lebzeiten um Anerkennung: in der Familie, in der er stets das schwarze Schaf war, und in der Kunstwelt, die seine expressiven Bilder erst versteht, als ihr Urheber tot ist.

Vielleicht war das Leben am Ende unerträglich geworden. Vergeblich kämpfte Vincent mit einer psychischen Krankheit, die ihn ein Ohr gekostet und ihn bis in die Nervenheilanstalt gebracht hat. Vielleicht war es ein Schub der Krankheit, der ihn in Auvers in den Selbstmord trieb. Oder wollte der Maler seinen Bruder reich machen durch seinen Selbstmord? Dem Kunsthändler einen Schatz an Bildern hinterlassen? Um ihm zu danken für eine lebenslange Unterstützung und ihm alle finanziellen Sorgen zu nehmen? Wenn das der Plan gewesen sein sollte, so ging er nicht auf. Denn auch Theo wird Vincents späteren Ruhm nicht mehr erleben. Nur sechs Monate später wird auch er sterben – mit nur 33 Jahren.

Heute liegen die Van-Gogh-Brüder vereint unter einer grünen Efeudecke, die sich über die Steingräber rankt wie die wilden Spekulationen. Kein Tag vergeht, an dem nicht eine Sonnenblume darin steckt. Hinter der Friedhofsmauer wird unterdessen der Weizen geerntet. Krähen ziehen über die Felder, Felder wie von Vincent gemalt: Gold unter blauem Himmel.

{Ralph Erdenberger}

16.

1908: Dünger, Dynamit und Zyklon B

Fritz Haber, ein jüdischer Patriot

Der junge, schlanke Mann mit Nickelbrille weiß nicht so recht wohin mit sich. Nur eines weiß der 24-jährige Fritz Haber: Er muss weg von zu Hause, weg von seinem Vater in Breslau. Der – ein jüdischer Kaufmann – handelt mit Farben, ist ein Geld- und Zahlenmensch, aber fantasielos und risikoscheu. Sohn Fritz ist aus anderem Holz geschnitzt, ein sportlicher, wilder Schüler mit viel Fantasie. Er philosophiert bereits im Alter von 16 Jahren mit Freunden über Charles Darwin – und experimentiert nachmittags im Anschluss an die Schule mit Chemikalien. Das Fach Chemie gibt es nicht. Nach dem Abitur studiert er einige Semester Chemie und geht dann zum Militär. Das findet er eigentlich langweilig, will aber trotzdem Reserveoffizier werden. Die nationale Begeisterung über die Reichsgründung macht auch aus Fritz Haber einen glühenden Patrioten. Doch Juden werden in Preußen, außer bei den Sanitätern, als Reserveoffiziere nicht genommen. Trotz aller Gleichstellungsgesetze.

Fritz Haber studiert weiter Chemie, voller Selbstzweifel, die Doktorarbeit fällt eher mäßig aus. Was seine

Laborversuche wert sind, weiß er selbst: »Lauter negative Resultate, wo ich erhebliche Resultate gesucht habe, noch dazu Resultate, die ich gar nicht veröffentlichen kann, weil ich fürchten muss, dass ein tüchtiger Chemiker darüber kommt und mir nachweist, dass mir zum Kamel bloß die Höcker fehlen.« Nach dem Ende des Studiums macht er Praktika in Chemieunternehmen und arbeitet lustlos im elterlichen Geschäft. Mit Geld kann Fritz nicht umgehen. Der Bruch mit dem Vater ist unausweichlich.

Er entflieht nach Jena an die Uni und konvertiert zum Protestantismus. Ein besonders gläubiger Mensch ist er allerdings nicht; Haber glaubt eher ans deutsche Vaterland und die Chemie. Schließlich landet er 1894 an der Technischen Universität Karlsruhe. »Die 17 besten Arbeitsjahre meines Lebens«, wird er später schreiben, denn in Karlsruhe bekommt er alle Freiheiten. Das Großherzogtum Baden ist vor allem an einem interessiert: an praktischen Ergebnissen, an chemischen Forschungen, die dem Menschen helfen.

Da ist Fritz Haber genau der Richtige, denn er schafft die moderne Verbindung zwischen Chemie, Apparatebau und Wirtschaft. Ein Mann, der unermüdlich denkt, probiert und praktisch plant, voller Ehrgeiz und Arbeitseifer. Ein dynamischer Privatdozent, der seinen Wissenschaftskollegen manchmal auf den Geist geht. Auch seinem Professor und Förderer Hans Bunte, der über seinen übereifrigen Mitarbeiter schreibt: »Der weiß alles. Ja, der weiß noch viel mehr, er weiß alles besser.«

Haber hat seinen Platz gefunden in einem Kaiserreich der Forschungs-Euphorie, das mit seiner Wissenschaftler-Generation an die Weltspitze kommen wird. Den Professorentitel bekommt Haber, noch bevor er 30 Jahre alt ist.

Er ist Teamarbeiter, betont seine Biografin Margit Szöllösi-Janze, Geschichtsprofessorin an der Uni München. »Seine Mitarbeiter sind sehr einstimmig der Ansicht, dass er ein hervorragender Vorgesetzter war, der sie ernst nahm, der ihnen sehr viel Freiheit in der Forschung ließ, der sie auch unter Druck setzte, aber insgesamt ein positives forschungsfreundliches Klima verbreitete, und der sich auch mit aller Kraft für seine Mitarbeiter einsetzte.«

Ein Workaholic, der himmelhoch jauchzend euphorisch sein kann, aber auch am Boden zerstört. Mehrfach muss Haber Sanatorien aufsuchen, in denen auch Nervenkranke behandelt werden, Depressionen und Überreizungen werden ihn bis zu seinem Lebensende verfolgen.

Mit 33 Jahren heiratet er Clara Immerwahr, eine Chemikerin aus Breslau, die es geschafft hat, als eine der ersten Frauen eine Naturwissenschaft zu studieren. Ihr Mann zeigt immer deutlicher seine Janusköpfigkeit. Die Mitarbeiter am Institut fördert er selbstlos nach Kräften, seine überaus sensible Frau degradiert er zur Putzhilfe und Mutter: »Fritz ist so zerstreut, wenn ich ihm nicht ab und zu seinen Sohn brächte, er wüsste gar nicht, dass er Vater wäre.«

Zu der Zeit arbeitet er an der Ammoniak-Synthese, einer der größten Erfindungen der Menschheitsgeschichte. So wie wir heute über den Klimawandel und seine Folgen diskutieren, bewegt die Wissenschaftswelt um 1900 die Frage, wie man das Ernährungsproblem lösen könne. Die Bevölkerung wächst. Wie sollen die alle satt werden? Kunstdünger, vor allem Stickstoff, haben die Erträge unglaublich erhöht, doch die natürlichen Vorräte in Chile werden bald erschöpft sein. Und dann?

Dann müsste man Kunstdünger einfach aus der Luft holen, denn Luft besteht zu fast 80 Prozent aus Stickstoff, chemisches Symbol N. Man braucht nur noch Wasserstoff, chemisches Zeichen H. Reagieren die beiden miteinander, so entsteht daraus NH_3. Das ist Ammoniak, ein Grundstoff für Dünger. Wenn das gelänge, könnte man quasi Brot aus Luft gewinnen. Doch es gibt einen Haken: Luft-Stickstoff ist so träge, dass er freiwillig keine Verbindung eingeht.

In der Chemie ist es wie im übrigen Leben, wenn einer nicht will, muss man ihm Druck machen und einheizen. Dann noch ein Katalysator, eine Art chemischer Heiratsvermittler, hinzu. Und schon klappt's.

Fritz Haber braucht dafür Jahre in seinem Karlsruher Labor. Er muss Apparate bauen lassen, die bis zu 200 bar aushalten, das ist ein Druck, so groß wie das Gewicht eines mittelgroßen Lkws auf einem einzigen Bierdeckel. Das Ganze bei 550 Grad Celsius. 1908 meldet Haber sein erstes Patent für die Ammoniak-Synthese an.

Fehlt noch die Fabrik. Die baut Carl Bosch, Neffe des Zündkerzen-Erfinders Robert Bosch. Carl Bosch ging schon als Kind wichtigen Fragen auf den Grund. Seinen Eltern bewies er mittels eines schlichten Hobels, dass ihr neues Mahagoni-Schlafzimmer nur furniert war, seiner Firma, der BASF, bewies Carl Bosch später, dass man Habers Ammoniak-Synthese großtechnisch umsetzen kann.

1913 entsteht die erste Großanlage der BASF in Oppau bei Ludwigshafen. Aus dem Ammoniak macht man Kunstdünger. Dies ist auch Habers Ziel, sagt seine Biografin Margit Szöllösi-Janze. »Natürlich hat Fritz Haber an der Ammoniak-Synthese gearbeitet, um die Ernährung der Menschheit sicherzustellen, und das hat er auch unmittelbar gemeint. Aber schon kurz nach seiner Erfindung, im Ersten Weltkrieg, wurde eine zweite Möglichkeit des Einsatzes der Ammoniak-Synthese sehr deutlich, nämlich als

Vorprodukt für die Herstellung von modernen Spreng- und Schießstoffen.«

Im Sommer 1914 beginnt der Erste Weltkrieg. Die deutsche Strategie muss auf einen schnellen Sieg zielen, denn britische Schiffe blockieren völkerrechtswidrig deutsche Häfen. Kein Rohstoff mehr aus Chile, das bedeutet weder Kunstdünger für Felder noch Sprengstoffe für die Reichswehr. Habers Erfindung zeigt nun beide moralische Seiten, betont später der Erfinder der Wasserstoffbombe, Edward Teller. »Wenn Haber diese technische Entdeckung nicht geleistet hätte, dann wäre der Erste Weltkrieg ein ziemlich schlimmer Zwischenfall von viereinhalb Monaten gewesen. Anstatt dessen wurde es eine Verheerung von viereinhalb Jahren. Und vielleicht ist das das Schlimmste, was die Technologie je geleistet hat. Aber ohne Kunstdünger wäre die grüne Revolution nie erfolgt. Ohne sie wären Millionen Leute bereits heute des Hungers gestorben und viel mehr in der Zukunft. Die Moral: Technologie ist böse, Technologie ist gut. Je nachdem, wie man sie anwendet.«

Fritz Haber legt seit seiner bahnbrechenden Erfindung im Jahre 1908 eine Blitzkarriere hin. 1911 wird er Direktor des neuen Kaiser-Wilhelm-Instituts für physikalische Chemie und Elektrochemie in Berlin, ein Wissenschaftsmanager, der im Krieg aufsteigt und am Ende 1500 Mitarbeiter unter sich hat. Fritz Haber mit Nickelbrille, Schnauzbart und Vollglatze ist nur noch in Uniform zu sehen, einer, der für sein Vaterland alles tut – und den Giftgaskrieg erfindet. Er ist es, der die Militärs auf die Möglichkeiten des Gaseinsatzes hinweist.

Der Gasmann Fritz Haber ist beim ersten Einsatz seiner vermeintlichen Wunderwaffe selbst dabei und leitet den Gasangriff. An der Front im belgischen Ypern lässt er

5700 Stahlflaschen mit Chlorgas eingraben. Am 22. April 1915 befehligt Haber den ersten großen Giftgaseinsatz der Militärgeschichte. Um 18 Uhr strömen 150 Tonnen gelbliches Chlorgas aus. Haber beschreibt den Einsatz so: »Der herrschende schwache Nordwind trieb die Gaswolken in die gegenüberliegende Stellung des Feindes bei Langemarck und machte diesen vorher unüberwindlichen Widerstand zunichte.«

Auf der anderen Frontseite liegen Franzosen. Der britische Augenzeuge Arthur Conan Doyle erinnert sich später so daran: »Die französischen Truppen beobachteten über die Brustwehr ihrer Gräben hinweg diese merkwürdige Wolke. Da sah man plötzlich, wie sie ihre Arme in die Luft warfen, die Hände an den Hals legten und sich dann am Boden wälzten. Eine Beute des grauenhaften Erstickens.«

Das Chlorgas verwandelt sich bei Berührung mit den Schleimhäuten zu Salzsäure, es zerfrisst Mund, Hals und Lunge. Die Franzosen werden vergiftet wie Ratten.

Durch das deutsche Kriegsverbrechen – das Reich hat in der Haager Landkriegsordnung auf den Einsatz von chemischen Kampfstoffen verzichtet – eskaliert der Krieg weiter. Fritz Haber ist stolz nach seinem ersten Einsatz und wird zum Hauptmann befördert, ein begeisterter Spieler im Chemiekrieg, für den die konventionelle Kriegstaktik nur noch dies ist: »Ein einfaches Damespiel. Durch die Gaskampfstoffe und ihre Abwehr wird sie zum Schach.«

Nach dem Gaseinsatz fährt Haber nach Hause. Als er dort ist, erschießt sich Habers Frau Clara mit seiner Dienstpistole im Garten des Instituts. Zuerst gibt sie einen Probeschuss in die Luft ab, dann schießt sie sich ins Herz. Was ihr Mann im Gaskrieg macht, hat sie als »eine Perversion der Wissenschaft« beschrieben. Ist ihr Selbstmord ein Fanal gegen den Chemiekrieg? Die Biografen wissen bis heute keine eindeutige Antwort. Habers zwölfjähriger Sohn Hermann findet seine tote Mutter; der Vater lässt den Jungen am nächsten Tag trotzdem allein zurück. Fritz Haber, der bedenkenlose Soldat, muss und will zur Ostfront – zum nächsten Giftgaseinsatz mit 6000 Toten.

Moralische Bedenken, so seine Biografin, kannte er nicht. »Er hat dies betrieben, er hat dies initiiert. Er hat dies nicht nur am Schreibtisch getan, sondern selber an der Front durchgeführt. Für ihn überhaupt keine Frage als deutscher Patriot, dass er dies tun müsste. Dies hielt er für seine Pflicht.«

Am Ende folgt doch die deutsche Niederlage. Haber nutzt seine Giftgaserfahrungen und setzt die Keller der Notenbank und damit die Goldreserven des Reiches unter Giftgas, um das Gold vor den Revolutionären zu schützen. Später setzt sich Haber ein neues Ziel: Er will Gold aus Meerwasser gewinnen. Ein erster Fehlschlag.

Nach dem Waffenstillstand wird Fritz Haber als Kriegsverbrecher gesucht, er flieht zeitweilig in die neutrale Schweiz. Gleichzeitig erhält er für das Haber-Bosch-Verfahren zur Ammoniak-Synthese mit Carl Bosch zusammen nachträglich den Nobelpreis für Chemie 1918.

Haber bleibt auch in der Demokratie, wie er immer war: ein nervöses Arbeitstier, das alles für das Vaterland tut und keine Rücksicht nimmt auf sich und seine Familie. 1917 hat er noch einmal geheiratet und zwei Kinder bekommen, doch seine zweite Frau behandelt er so schlecht wie die erste. Das Paar trennt sich zehn Jahre später.

Haber bleibt Direktor am Kaiser-Wilhelm-Institut für physikalische Chemie, ein rastloser Erfindertyp, immer auf der Suche nach neuen Anwendungsfeldern für seine

Entwicklungen, betont seine Biografin Margit Szöllösi-Janze: »Auch hier hat er nicht nur das Militärische gedacht, sondern interessanterweise auch das Zivile, nämlich er dachte darüber nach, die Erkenntnisse, die er aus dem Giftgaseinsatz im Krieg gewonnen hat, im zivilen Bereich einzusetzen, nämlich für die chemische Bekämpfung von Schädlingen durch giftige Gase. Infolge dieser Forschungen, also Schädlingsbekämpfung durch giftige Gase, stieß diese Abteilung auch auf das Zyklon B, was damals ein sehr nützlicher Stoff schien, denn er war ganz leicht und ungefährlich zu handhaben. Haber hat diese Entwicklung mit aller Kraft unterstützt.«

Die Folgen kann Haber in diesem Fall nicht erahnen. 1933, nach der Machtübernahme, wollen die neuen Herrscher Haber aus dem Amt drängen. Sie verlangen, dass er alle jüdischen Beschäftigten entlässt. Haber, so Historikerin Szöllösi-Janze, stellt sich aber schützend vor seine Mitarbeiter. »Er hat sich für jeden einzelnen eingesetzt, auch für die jüdische Sekretärin, er machte da keinen Unterschied, und hat versucht, für diese Menschen noch Arbeits- und Lebensmöglichkeiten zu schaffen.« Haber kämpft für sein Kaiser-Wilhelm-Institut und zeigt Rückgrat: Er nimmt seinen Abschied, bevor er entlassen werden kann.

Ein deutscher Patriot, seelisch und körperlich durch die Machtübernahme der Nazis gebrochen. Als Jude muss er nun nach England fliehen, er stirbt 1934 in der Schweiz mit 65 Jahren an einem Herzschlag. Ein bitteres Ende, resümiert seine Biografin. »Er starb eigentlich an mehr. Es brach für ihn eine Welt zusammen mit der Machtergreifung der Nationalsozialisten. Das war für ihn absolut unvorstellbar gewesen, damit war Haber auch in geistiger und psychischer Beziehung am Ende.«

Sein Fazit fiel bitter aus: »Ich kämpfe mit sinkender Kraft gegen meine vier Feinde, die Schlaflosigkeit, die wirtschaftlichen Ansprüche der geschiedenen Frau, die mangelnde Ruhe gegenüber der Zukunft und das Gefühl der schweren Fehler in meinem Leben.«

Immerhin erlebte Fritz Haber das größte Verbrechen nicht mehr. Dass mit dem von ihm mitentwickelten Schädlingsbekämpfungsmittel Zyklon B im Zweiten Weltkrieg massenweise Menschen vergast wurden. Auch Angehörige von Fritz Habers eigener Familie.

{Heiner Wember}

17.

1919: Fröhliches Schmugglerleben

Der Freistaat Flaschenhals

Die Szene hat etwas Gespenstisches: Alle zehn Minuten zuckt das grelle Licht der Suchscheinwerfer über das nächtliche Rheinufer. Die französischen Besatzer auf der anderen Flussseite machen Jagd auf Schmuggler. Doch die dunklen Gestalten, die in dieser Nacht am Rhein entlangschleichen, schleppen keine Kisten oder Säcke. Sie haben anderes im Sinn. Feixend stellen sie sich in einer Reihe an der Ufermauer auf, mit dem Rücken zum Fluss. Als der Scheinwerfer heranstreicht, lassen sie schnell die Hosen herunter und präsentieren dem Feind ihre nackten Hinterteile. Die Franzosen verstehen die Botschaft im Sinne des Götz von Berlichingen und sind empört. Im »Freistaat Flaschenhals« dagegen wird die Aktion der jungen Burschen wie eine Heldentat gefeiert. Denn Widerstand gegen den »Franzmann«, in welcher Form auch immer, ist das Gebot der Stunde.

Man muss unwillkürlich an Asterix und seine aufmüpfigen Gallier denken: Während das ganze Rheinland von den Siegern des Ersten Weltkriegs besetzt ist, hat sich ein winziges Gebiet zwischen Lorch und Kaub zum »Freistaat«

erklärt. Dieser Freistaat ist zwar nur eine Fußnote der Geschichte, und eine echte Republik ist er auch nicht – doch wie es seine listigen Bewohner vier Jahre lang schaffen, ihre Unabhängigkeit zu bewahren und inmitten der besetzten Gebiete ein fröhliches Leben zu führen, das ist so kurios wie bemerkenswert. Nicht umsonst prahlen sie auf einem ihrer Notgeld-Scheine: »Nirgends ist es schöner als in dem Freistaat Flaschenhals.«

Die skurrile Geschichte beginnt im November 1918. Das große Schlachten ist zu Ende. In einem Eisenbahnwaggon im Wald von Compiègne treffen sich die Vertreter der Siegermächte mit der deutschen Delegation. Der französische Marschall Foch verkündet den schockierten Gegnern die Auflagen der Alliierten. »Die Waffenstillstandsbedingungen waren so furchtbar«, erinnert sich der Sozialdemokrat Philipp Scheidemann, »dass die Waffenstillstandskommission, der sehr hohe Offiziere angehörten, sie nicht etwa unterzeichnete, sondern erst bei der Obersten Heeresleitung anfragen ließ, was zu tun sei.« Doch die Verlierer haben keine Wahl – sie müssen akzeptieren. Zu den Bedingungen, denen die Delegierten schließlich zustimmen, gehört die Besetzung der linken Rheinseite. Außerdem sichern sich die Verbündeten drei Brückenköpfe am rechten Ufer: Mit dem Zirkel schlagen sie um die Städte Köln, Koblenz und Mainz Halbkreise mit einem Durchmesser von 30 Kilometern. Den Brückenkopf in Köln übernehmen die Briten, den in Koblenz die Amerikaner, während die Mainzer Stellung den Franzosen zufällt. Was die Herren im Eisenbahnwaggon von Compiègne jedoch übersehen, ist, dass sich diese Halbkreise nur zum Teil überlappen. So bleibt zwischen Koblenz und Mainz ein unbesetztes Gebiet übrig, das entfernt an den Hals einer Weinflasche erinnert.

Da dieses Fleckchen Niemandsland vom unbesetzten Deutschen Reich abgetrennt ist und eigentlich nicht mehr versorgt werden kann, soll es gegen besetztes Gebiet eingetauscht werden. In ähnlichen Fällen hatte das immer problemlos geklappt. Doch im Flaschenhals wehren sich die Einwohner mit aller Kraft dagegen; sie wollen frei bleiben, koste es, was es wolle. Zum kleinen König dieses wackeren Völkchens avanciert der Bürgermeister von Lorch, Edmund Pnischeck. Der korpulente Mann mit den roten Haaren ist eine schillernde Figur, leutselig und humorvoll, aber auch ein bisschen selbstherrlich und machtbesessen. Vor allem denkt er deutsch-national: Stolz trägt er die Uhrenkette aus Eisen – seine goldene hat er selbstverständlich für den Krieg geopfert. Mit Unbehagen registriert Pnischeck die Aktivitäten im Regierungssitz Wiesbaden, der bereits von den Franzosen besetzt ist. Der dortige Regierungspräsident plant, das Gebiet zwischen Kaub und Lorch in die französische Zone zu integrieren. Amerikanisch hätte man vielleicht noch hingenommen – aber französisch? Da bäumt sich die deutsch-nationale Seele des Bürgermeisters auf. Pnischeck fackelt nicht lange. Zusammen mit dem Limburger Landrat Robert Büchting schickt er ein Telegramm an die Waffenstillstandskommission, die mittlerweile in Spa verhandelt: »Wir wünschen, dass zwischen Bonn und Mainz wenigstens noch ein Streifen wirklichen deutschen Rheines verbleiben soll, frei von jedem welschen Einfluss.«

In der Geschichte des Flaschenhalses spiegelt sich die unrühmliche Tradition der deutsch-französischen Feindschaft. Ihr geliebter Rhein von Franzosen besetzt – das ist unerträglich für die deutschen Patrioten. Bei den Nachbarn dagegen ist die Erinnerung an die Demütigung von 1871 noch sehr lebendig, als Wilhelm I. ausgerechnet im

Spiegelsaal von Versailles zum deutschen Kaiser ausgerufen wurde. Zudem steckt Frankreich durch den Ersten Weltkrieg in einer seiner schlimmsten Wirtschaftskrisen, und die Schuld daran wird allein bei den Deutschen gesehen. Auf dem Weg zum Ziel, den verhassten Gegner zu zerschlagen, bedeutet die Besetzung des Flaschenhalses zwar nur einen winzigen Schritt – aber immerhin einen Schritt in die richtige Richtung. Und genau das will der Bürgermeister mit seiner Eingabe verhindern.

Am 10. Januar 1919 teilt die deutsche Kommission Pnischeck und seinen Mannen mit, dass sie gegen eine Besetzung protestieren wird – und sie kann sich bei den Siegermächten tatsächlich durchsetzen. Der »Freistaat Flaschenhals« wird im Versailler Vertrag anerkannt. Ein Triumph für die Einwohner, wenn auch die Not im abgeriegelten Gebiet zunächst groß ist. Etwa 17 000 Seelen leben in diesem Streifen, der an seiner schmalsten Stelle gerade mal 800 Meter breit ist. Neben den Winzerstädtchen Kaub und Lorch gehört noch eine Reihe von Dörfern zum Flaschenhals. Ursprünglich waren für die Orte vier verschiedene Landkreise zuständig, doch die Grenzen der Brückenköpfe zerschneiden willkürlich alle Verwaltungsstrukturen und Verbindungswege. Quer über Straßen und Gleise verläuft die Grenze, passierbar nur mit Erlaubnisscheinen, die kaum zu bekommen sind. Auch Züge dürfen im Flaschenhals nicht mehr anhalten. Der einzige freie Weg zur nächsten unbesetzten Stadt, Limburg an der Lahn, führt über Pfade mitten durch den Taunus.

Die Franzosen kappen sogar die Telefonleitungen, um das Gebiet zu isolieren. Sie hoffen gut ein Jahr lang, die Bevölkerung so mürbe zu machen, dass sie freiwillig um Besetzung bittet. Doch nichts liegt den Flaschenhals-Bewohnern ferner. Entschlossen machen sie sich ans Werk, ihre missliche Lage zu verbessern. Sie legen neue Telegrafenleitungen und richten eine Postlinie nach Limburg ein – per Pferdekarren. Wer eine Reise plant, der muss allerdings in der Regel zu Fuß zur fast 60 Kilometer entfernten Limburger Bahnstation laufen. Pnischeck erinnert sich: »Der Personenverkehr konnte nur per pedes apostolorum aufrechterhalten werden, sofern man nicht das Glück hatte, von dem Postkarren in Gnaden aufgenommen zu werden. Aber auch die Reise mit dem Postkarren war nicht komfortabel, denn erstens war das Ding nicht gefedert, zweitens musste man für eine Sitzgelegenheit selbst sorgen, und drittens musste man an den steilen und schlechten Wegestellen absteigen und hinter dem Postkarren einhertrotten. Man brauchte unter günstigen Umständen einen Tag, um vom Rhein zur Eisenbahnstation zu kommen.«

Der Transport von Lebensmitteln aus Limburg ist ebenfalls schwierig. Immer wieder bleiben die Ochsenkarren im Schlamm stecken oder brechen Achsen auf den holprigen Wegen. Weil die Preise explodieren, entwickelt sich ein reger Schwarzmarkt. Die braven Bürger verwandeln sich in Anarchisten mit erstaunlich krimineller Energie. Dabei hilft ihnen der Rhein: Jeden Abend gehen in Kaub Schiffe vor Anker, die erst am nächsten Morgen weiterfahren. Sie transportieren in großer Menge Waren wie Getreide oder Salz. Das Gewicht des Transportgutes wird daran gemessen, wie tief das Schiff im Wasser liegt – und wenn bei 1000 Tonnen ein paar Zentner fehlen, fällt das kaum auf. So ist die Besatzung in der Regel nur zu gern bereit, etwas von der Ladung gegen Hochprozentiges zu tauschen. Da im Flaschenhals fast jeder einen Weinberg sein Eigen nennt und die meisten auch noch eine Schnapsbrennerei besitzen, funktioniert der Tauschhandel wunderbar.

Bürgermeister Pnischeck versucht das gesetzlose Treiben nicht etwa zu unterbinden, im Gegenteil – er ist sogar stolz darauf. Auch der Schmuggel mit Waren aus den besetzten Gebieten findet sein Wohlwollen. In seinen Erinnerungen prahlt er: »Die Chose ging sehr einfach: Abends lief ein Motorschiffchen auf der ›Reede‹ von Lorch ein, die geschützt hinter den Lorcher Inseln liegt. Geheimnisvolle Kräfte luden das Motorschiff aus, und das verschwand ebenso still und unerkannt, wie es gekommen war. Am anderen Morgen setzte sich eine Karawane von 20 bis 25 Fuhrwerken in Bewegung, in Richtung Limburg. Das eine darf ich sagen: Wenn in Deutschland manche Stadt und manches industrielle Werk vor Hungerstreiks bewahrt geblieben sind, so haben sie es den Heinzelmännchen zu verdanken, die damals in Lorch tätig waren.«

Natürlich kümmern sich die Heinzelmännchen zunächst um die Lieben daheim, die vom geschmuggelten Gut das meiste abbekommen: »Nicht ohne Stolz darf der Chronist melden, dass der Freistaat Flaschenhals wohl das Gebiet Deutschlands war, das als erstes die Lebensmittelkarten (…) abschaffen konnte.« Auch mit Fleisch wird der Flaschenhals bestens versorgt. Die Bauern aus den besetzten Gebieten treiben nachts ihr Vieh auf die Wiesen des Freistaates. Dort holt es der Metzger am nächsten Tag ab, um es zu schlachten und zu vermarkten. Auf diese Weise bekommen die Bauern mehr, als wenn sie mit den Franzosen abrechnen müssten. Die Winzer in den Besatzungszonen machen es ähnlich: Bei Nacht und Nebel schleppen sie ihren Wein in die Keller von Kaub oder Lorch, damit die edlen Tropfen nicht in die Hände des Feindes fallen. So stehen die französischen Soldaten immer wieder frustriert vor leeren Regalen. Kein Wunder also, dass ihnen der Freistaat Flaschenhals zunehmend auf die Nerven geht. Um die Bevölkerung zu schikanieren, stellen sie die Scheinwerfer auf der linken Rheinseite auf, die nachts unaufhörlich das andere Ufer absuchen.

Und nicht nur das: Auf ihren Rachezügen verhalten sich die Gegner ähnlich subtil wie die Jugendlichen bei ihrer Aktion »Lorcher Nacktarsch«. So legt im Mai 1920 ein Schiff mit französischen Soldaten in Kaub an. Sie marschieren schnurstracks zum Denkmal des preußischen Generalfeldmarschalls Blücher, der hier auf der Jagd nach Napoleon den Rhein überquert hat. Auf Befehl ihres Offiziers pinkeln die Franzosen geschlossen an den Sockel. Ihre feuchte Attacke macht den Flaschenhals im ganzen Reich bekannt. Das Satireblatt »Simplicissimus« veröffentlicht ein Gedicht, in dem der steinerne Blücher seinen Sockel tröstet:

»Mein armer Sockel, spricht er dann
zu dem Stein zu seinen Füßen.
Weil sie an mich nicht reichen ran,
lassen sie dich jetzt dafür büßen.

Du stehst nun mal da unten
und schützest mich hier oben.
Es hat schon mancher räudige Hund
an dir sein Bein gehoben.

Und wenn du auch verdrossen bist,
glaub deinem alten Blücher:
Vor Kötern und Franzosen ist
kein deutsches Denkmal sicher.«

König Pnischeck herrscht derweil mit großer Begeisterung über sein Liliput-Reich: Er lässt eigenes Flaschenhals-Geld drucken – bunte Scheinchen mit gehässigen Sprüchen gegen den Feind oder Lobgesängen auf den heimischen Wein: »In Lorch am Rhein da klingt der Becher, denn Lorcher Wein ist Sorgenbrecher.« Seine Herrlichkeit währt allerdings nicht lange. Im Sommer 1920 werden die strengen Beschränkungen im Flaschenhals gelockert, die Straßen sind wieder frei, die Züge dürfen auch in Kaub und Lorch anhalten. Vorübergehend entspannen sich die Verhältnisse, und der »Freistaat« verliert an Bedeutung – bis französische Truppen ins Ruhrgebiet einmarschieren. Pnischeck schreibt in seinen Erinnerungen: »Januar 1923. Der passive Widerstand war notwendig geworden, und mit ihm entstand wie der Phönix aus der Asche auch wieder der Freistaat Flaschenhals. Diesmal hatten wir reichlich Erfahrung, sodass die Geschichte viel rascher ins Geleise kam als vorher.« Die widerborstigen Bewohner boykottieren die Franzosen, wo sie nur können. Einmal kapern sie sogar einen Güterzug, 23 Waggons mit Kohle aus dem Ruhrgebiet, die als Reparationsleistung für Italien bestimmt ist. Ein Lokführer bringt den Zug bis nach Lorch, anschließend wird er von den Flaschenhals-Bewohnern weiter nach Kaub geschoben, damit auch die Nachbarn etwas von der fetten Beute abbekommen. Wie von Geisterhand verschwindet über Nacht die komplette Ladung, sodass die Franzosen am nächsten Morgen nur noch die leeren Waggons vorfinden.

Am 25. Februar 1923 ist dann Schluss mit lustig. Französische Soldaten besetzen den Freistaat, gegen die Bestimmungen des Versailler Vertrages. Zahlreiche Bewohner werden ausgewiesen, Edmund Pnischeck kommt sogar vorübergehend in Haft. Während er in der Zelle schmort, löst ein Lorcher Bürgermeister den anderen ab. 24 werden es, weil sie alle die Kooperation mit den Besatzern ablehnen: »Wie die Stadtverwaltung, so verweigerten auch Post und Bahn die Ausführung der französischen Anordnungen, und so mussten denn auch drei Postbeamte und vier Bahnbeamte teils ins Gefängnis, teils in die Verbannung gehen.« Erst im November 1924 ziehen die Besatzer auf Druck ihrer Verbündeten wieder ab. Der »Freistaat« geht jetzt endgültig in der Weimarer Republik auf – zum heimlichen Bedauern vieler Einwohner.

Wer heute von der Loreley aus rheinaufwärts wandert, findet immer wieder Hinweisschilder auf den »Freistaat Flaschenhals«. 1994 haben Winzer und Gastwirte der Region eine Initiative gegründet. Sie wollen an die glorreiche Vergangenheit erinnern, um Touristen anzulocken – ein schönes Beispiel, wie sich Geschichte in klingende Münze verwandeln lässt. Inzwischen gibt es sogar einen eigenen Pass, der dem echten Reisepass zum Verwechseln ähnlich sieht. Und mittlerweile sind natürlich auch Franzosen im Freistaat Flaschenhals willkommen.

{ Christiane Kopka }

18.

1934: Fit bis zum Schluss

Nur Pflegestufe 1 für Hindenburg

Reichspräsident Paul von Hindenburg hat alles miterlebt: Deutschlands Aufstieg im Kaiserreich, die Niederlage im Ersten Weltkrieg, die folgende Demokratie und den absoluten Tiefpunkt deutscher Geschichte, Hitlers Herrschaft. Gut ein Jahr nach der Machtübernahme starb der greise Reichspräsident, zufrieden mit der politischen Entwicklung Deutschlands, berichtet Wolfram Pyta, Historiker an der Universität Stuttgart. Pyta hat eine fundierte Biografie Hindenburgs geschrieben. Sein Fazit: Der alte Mann war fit bis zum Schluss. »Die historischen Zeugnisse, die man nach fast detektivischer Sucharbeit herausfindet, ergeben ein glasklares Bild. Hindenburg war Herr seiner Entscheidungen und hat überaus allergisch reagiert, wenn er den Eindruck bekam, dass ihm andere reinreden wollten. Da konnte er sogar poltern und laut werden, was sonst nicht seine Art war.«

Mit diesem neuen Wissen liest man die Reden des 86-jährigen Hindenburg schon anders. Neun Monate nach der Machtübertragung an Hitler sagte der Reichspräsident: »Dank der mutigen, zielbewussten und kraftvollen

Führung des am 30. Januar des Jahres von mir berufenen Reichskanzlers Hitler und seiner Mitarbeiter hat Deutschland sich selbst wieder gefunden und die Kraft gewonnen, den Weg zu beschreiten, den ihm seine nationale Ehre und seine Zukunft vorschreiben.«

Pytas zweite neue Erkenntnis: Hindenburg war kein rückwärtsgewandter Monarchist, sondern verstand sich als nationaler Führer – ein charismatischer Herrscher zwischen Hohenzollern und Hitler. »Hindenburg ist in vielerlei Hinsicht moderner, als man ihn oft sieht. Er ist nicht der altpreußische Konservative. Er findet sehr schnell Anschluss an die politische Leitidee des ausgehenden 19. Jahrhunderts und des frühen 20. Jahrhunderts: die Idee der Nation. Kaiser Wilhelm II. hat zwar das Wort geprägt: Ich kenne keine Parteien mehr, ich kenne nur noch Deutsche; er war aber nicht imstande, weil er öffentlich abgetaucht ist, diese Botschaft mit seiner Person zu verbinden. Hindenburg hat die Idee der nationalen Integration verkörpert, bis ihm in Hitler ein symbolischer Konkurrent entstanden ist.«

Solch nationales Denken war für einen preußischen Adeligen eher erstaunlich. Diesen Junkern waren Preußen und Preußens Königtum lange Zeit wichtiger als eine deutsche Nation. Anders Paul Ludwig Hans Anton von Beneckendorff und von Hindenburg, der am 2. Oktober 1847 in Posen geboren wurde. Standesgemäß ging Hindenburg in eine Kadettenanstalt und wurde Offizier. 1866, bei Königgrätz gegen Österreich, durchschlug eine Kugel seinen Helm und streifte seinen Kopf. Trotzdem kämpfte Hindenburg weiter, genauso wie im Krieg gegen Frankreich 1870/71. Dann folgte die Kriegsakademie. Hindenburg war einer der Fleißigsten und Besten, brachte es bis zum

General und trat 1911 in den Ruhestand, mit 64. Unbekannt und ruhmlos – mangels Krieg.

Drei Jahre später kam der Krieg – und er spülte den alten Hindenburg ohne eigenes Zutun ganz nach oben. Im Osten rückten gewaltige, russische Armeen vor, die Oberste Heeresleitung brauchte dringend einen neuen Oberbefehlshaber für die deutsche achte Armee. Man hatte zwar Erich Ludendorff, einen fähigen Strategen; doch als Oberbefehlshaber war Ludendorff nicht geeignet. Ein aufbrausender Typ, dem außerdem der Adelstitel fehlte, sagt Historiker Pyta: »Man suchte einen militärisch nicht allzu ehrgeizigen, ruhigen, zurückhaltenden Oberbefehlshaber, der Ludendorff freie Hand ließ, und dieses Anforderungsprofil erfüllte Hindenburg eben geradezu ideal.«

Hindenburg stieg in Hannover in den Zug – und kam gerade noch passend zur Schlacht. Er war mit allen Plänen einverstanden – was sollte er auch noch tun – und ließ Ludendorff und seine Generäle gewähren. Es folgte der erste große deutsche Sieg des Weltkriegs, an dem allerdings auch die unfähige zaristische Militärführung einen großen Anteil hatte: »Als Hindenburg Ende August 1914 die eine russische Armee besiegt hat, galt er zunächst als eine Art Kriegsgott.«

Jubel im ganzen Reich, die Kinder bekamen schulfrei, durch das Brandenburger Tor rollten eroberte russische Geschütze. Der Kriegsgott Hindenburg dachte sofort politisch, er sah, wie diese Schlacht zum nationalen Symbol aufgebaut werden konnte. Denn im nahe gelegenen Tannenberg hatte etwa 500 Jahre zuvor der Deutsche Orden eine vernichtende Niederlage gegen Polen und Litauer einstecken müssen. »Hindenburg hat die Schlacht ganz bewusst ›Schlacht von Tannenberg‹ getauft, weil er damit an diese historischen Erinnerungen anknüpfen konnte und zeigen konnte, dass sich jetzt das Blatt zur deutschen Seite gewendet habe.« Hindenburg schuf den Tannenberg-Mythos – und damit gleichzeitig den Hindenburg-Mythos.

Der neue Generalfeldmarschall und sein Stratege Ludendorff bildeten ab 1916 die Oberste Heeresleitung, gleichzeitig wurde Hindenburg zum charismatischen Führer und am Ende populärer als der Kaiser. Ludendorff und Hindenburg regierten das Deutsche Reich mit diktatorischen Vollmachten und setzten alles auf eine Karte. Russland war Ende 1917 besiegt, und Hindenburg wollte nicht wahrhaben, dass im Westen neben Franzosen und Briten auch US-Amerikaner aufmarschierten. Der Generalfeldmarschall verbreitete stattdessen zu seinem 70. Geburtstag Siegeszuversicht: »Vertrauet, dass der deutschen Eiche Luft und Licht geschaffen werden wird zu freier Entfaltung. Die Muskeln gestrafft, die Nerven gespannt, das Auge geradeaus! Wir sehen das Ziel vor uns: ein Deutschland hoch in Ehren, frei und groß. Gott wird auch weiter mit uns sein.«

Im Frühjahr 1918 wollten Hindenburg und Ludendorff dann, bevor amerikanische Truppen entscheidend eingreifen konnten, mit aller Gewalt die Westfront durchbrechen. »Das war ein Vabanquespiel, alles oder nichts«, resümiert Historiker Pyta. »Die Front hielt stand, die Amerikaner trafen im Sommer 1918 ein, und das Ende war die militärische Niederlage der deutschen Truppen an der Westfront.« Das Spiel war aus, der Krieg verloren, doch nie übernahm Hindenburg, oder jemand aus der deutschen militärischen Führung, die Verantwortung für sein Scheitern; er schob die Niederlage anderen in die Schuhe. Hindenburg propagierte nach dem Krieg vor einem Untersuchungsausschuss der Weimarer Nationalversammlung die Dolchstoßlegende: Deutschlands Heimat habe versagt und sei der kämpfenden Truppe in den Rücken gefallen. In seinem Buch »Aus meinem Leben« schreibt Hindenburg 1920: »Wie Siegfried unter dem hinterlistigen Speerwurf des grimmigen Hagen, so stürzte unsere ermattete Front. Vergebens hatte sie versucht, aus dem versiegenden Quell der heimatlichen Kraft neues Leben zu trinken.« Eine Dolchstoß-Lüge, das Märchen von der Armee, die im Felde unbesiegt geblieben sei.

Hindenburg zog sich vorläufig ins Private zurück und wartete bis seine Stunde kam. 1925, nach dem Tod des sozialdemokratischen Reichspräsidenten Friedrich Ebert, trat Hindenburg als Kandidat der Rechten an, um den republikanischen Kandidaten zu schlagen. Paul von Hindenburg war im zerstrittenen rechten Wählerspektrum konsensfähig, nicht allein in Preußen, betont sein Biograf Wolfram Pyta: »Das ist bei Hindenburg sehr wichtig. Er gilt nicht als der Preuße, als der Urprotestant, sondern es ist gerade die katholische Landbevölkerung Bayerns, die 1925 für Hindenburg optiert. Die bayerischen Stimmen haben dafür den Ausschlag gegeben, dass der Urpreuße Hindenburg 1925 zum Reichspräsidenten gewählt wurde.«

Hier zeigte sich die eigentliche politische Vision Hindenburgs: Er wollte die alten Gräben in der Gesellschaft zwischen bayerischen Katholiken und preußischen Protestanten, zwischen Arbeitern und Unternehmern, Adeligen und Bürgerlichen zuschütten. Nicht überwinden durch eine andere Innenpolitik, sondern überlagern durch Nationalismus – durch eine Volksgemeinschaft. Davon sprach Hindenburg auch in Köln, als 1926 die ersten französischen und belgischen Truppen aus dem besetzten Rheinland abzogen. »Alle diese Opfer sind nicht vergeblich gebracht worden. Sie haben der Welt gezeigt, dass das Volk am Rhein fest und unbeugsam seine Volksgemeinschaft behauptet.«

Volksgemeinschaft, das klingt für unsere Ohren heute sofort nach Nazi-Jargon, doch wie so oft besetzte Hitler populäre politische Begriffe für seine Partei. Über eine Volksgemeinschaft wurde in der Weimarer Republik viel diskutiert. Dahinter steckte der Wunsch, gesellschaftliche Konflikte einzuebnen und dadurch Deutschland wieder stark zu machen, berichtet Historiker Pyta: »Die Idee der Volksgemeinschaft erfreute sich bis zum Reichspräsidenten Friedrich Ebert, der ja Sozialdemokrat war, einer großen Beliebtheit. Auch Theodor Heuss hat in seinen frühen Tagen häufig von der Volksgemeinschaft gesprochen.«

Hindenburg war längst kein Monarchist mehr. Er verstand sich selbst als personifizierte Nation, als Führer seiner angestrebten Volksgemeinschaft – bis ihm ein »böhmischer Gefreiter«, wie Hindenburg ihn verächtlich nannte, in die Quere kam. Zunächst besetzte dieser Adolf Hitler den Begriff der Volksgemeinschaft, dann wollte er auch noch der neue Führer werden. 1932 traten die beiden Führer bei der Reichspräsidentenwahl gegeneinander an. Hitler nun als Kandidat der extremen Rechten, Hindenburg dagegen ausgerechnet als Hitler-Verhinderungs-Kandidat für die Demokraten einschließlich der SPD.

Das war ihm zuwider, Hindenburg stilisierte sich im Februar 1932 als ein Reichspräsident, der über den Parteien thront. »Kandidat einer Partei oder einer Parteien-Gruppe zu sein, hätte ich abgelehnt. Ebenso wie ich Bedingungen und Verpflichtungen abgelehnt habe. Aber auf überparteilicher Grundlage Kandidat des deutschen Volkes zu sein und als solcher denen entgegenzutreten, die nur Kandidaten einer Partei sind, das hielt ich für eine vaterländische Pflicht.«

Der Mythos Hindenburg siegte bei der Wahl eindeutig über den Emporkömmling Hitler. Den Rest hätte Hindenburg aussitzen können. Die Weltwirtschaftslage verbesserte sich langsam, sein Reichskanzler Heinrich Brüning verhandelte Erfolg versprechend wegen der Reparationsfragen, die nächsten regulären Wahlen standen für 1934 an: Dann wäre die Weimarer Republik wieder stabiler gewesen.

Doch Hindenburg wollte wieder mit Rechts regieren, nicht mehr mit dem katholischen Zentrum und Duldung der SPD. Er ließ Brüning fallen und berief den konturlosen und unfähigen Franz von Papen. In Neuwahlen holten die Nationalsozialisten Rekordergebnisse, der Druck der Nationalsozialisten wuchs. Hitler donnerte mit schriller Stimme in die Mikrofone:

»Sie können uns unterdrücken. Sie können uns meinetwegen töten. Kapitulieren werden wir nicht!«

Im Winter 1932/33 berief Hindenburg einen engen Vertrauten zum Reichskanzler: General Kurt von Schleicher. Das blieb eine Episode, denn im Hintergrund knüpfte dessen Vorgänger Franz von Papen bereits Kontakte zu Hitler – im Auftrag Hindenburgs. An dieser Stelle der Geschichte beginnt offensichtlich eine Geschichtsklitterung. Der 85-jährige Hindenburg wird bis heute so dargestellt, als sei er zu diesem Zeitpunkt bereits altersschwach und von seiner sogenannten Hofkamarilla gelenkt worden. Dem widerspricht Historiker Wolfram Pyta energisch. »Hindenburg ließ sich in seine Entscheidungsbefugnisse nicht hineinreden. Und die Personen aus seiner engeren Umgebung wie sein Sohn Oskar oder der Büroleiter Meissner oder Gutsnachbarn in Ostpreußen sind keine politischen Einflüsterer gewesen, weil Hindenburg sich keine ungebetenen Ratschläge erteilen lassen wollte. Alles, was er politisch tat, hat er aus freiem Entschluss getan. Insofern hat Hindenburg wie ein Politiker für die von ihm getroffenen Grundentscheidungen die politische Verantwortung zu tragen.«

Vor allem die Verantwortung dafür, Deutschland an Hitler ausgeliefert zu haben. Denn am 30. Januar 1933 ernannte Hindenburg Adolf Hitler zum Reichskanzler. Nicht, weil er musste, sondern weil er diese Regierung wollte. Hitler schwieg an diesem Tag, aber Hermann Göring beschwor, begleitet von Heil-Rufen, den Schulterschluss zwischen Nazis und Konservativen: »Wir danken heute nicht nur dem Führer dieser großen Bewegung. Wir danken auch dem greisen Generalfeldmarschall von Hindenburg, der heute mit der jungen Generation einen Bund geschlossen hat. So steht der ehrwürdige Feldmarschall aus dem großen Kriege, der Führer Deutschlands, und an seiner Seite und unter ihm der junge Führer Deutschlands, der nunmehr wieder Volk und Reich den neuen besseren Zeiten entgegenführen wird.«

Hindenburg war zufrieden mit seinem neuen Reichskanzler Hitler. Als der Reichstag brannte, unterzeichnete Hindenburg eine »Verordnung des Reichspräsidenten zum Schutz von Volk und Staat«. Die Hatz auf Kommunisten und Sozialdemokraten begann mit dem Segen des Reichspräsidenten. Hindenburg löste den Reichstag auf und hoffte bei Neuwahlen am 5. März 1933 auf eine rechte Mehrheit: NSDAP und DNVP erreichten zusammen 52 Prozent der Stimmen. Damit konnte man regieren, doch Hitler wollte die ganze Macht. Es folgte eine Inszenierung, die nach dem Geschmack von Hindenburg und Hitler war. Am sogenannten »Tag von Potsdam« zelebrierten die beiden deutschen Führer die Machtübergabe. Hitler verbeugte sich vor Hindenburg und okkupierte gleichzeitig den alten Preußen für sich. »In unserer Mitte befindet sich heute ein greises Haupt. Wir erheben uns vor Ihnen, Herr Generalfeldmarschall! Heute, Herr Generalfeldmarschall, lässt Sie die Vorsehung Schirmherr sein über die neue Erhebung unseres Volkes. Dieses Ihr wundersames Leben ist für uns alle ein Symbol der unzerstörbaren Lebenskraft der deutschen Nation.«

Drei Tage später schaltete der Reichstag sich mit dem sogenannten Ermächtigungsgesetz selbst aus. Der neue preußische Innenminister Hermann Göring sagte offen, was er wollte: »Volksgenossen, meine Maßnahmen werden nicht angekränkelt sein durch irgendwelche juristischen Bedenken. Hier habe ich keine Gerechtigkeit zu üben, hier habe ich nur zu vernichten und auszurotten, weiter nichts!«

All das duldete Hindenburg nicht nur, sondern er begrüßte es ausdrücklich und unterzeichnete das Ermächtigungsgesetz, für ihn erfüllte sich der Traum einer deutschen Volksgemeinschaft. Hindenburg war, so Historiker Pyta, bis zu seinem Tod 1934 geistig frisch und bei Verstand. Selbst zu den Mordaktionen des sogenannten Röhm-Putsches schickte er Hitler 1934 ein Glückwunschtelegramm. Dass die Nazis dabei auch seinen ehemaligen Vertrauten Kurt von Schleicher und dessen Frau erschossen hatten, das nahm er kommentarlos hin.

Paul von Hindenburg starb am 2. August 1934 auf seinem Gut Neudeck in Westpreußen, er wurde 86 Jahre alt. Der Reichspräsident starb in dem Glauben, mit Hitler einen passablen Nachfolger gefunden zu haben. Der stilisierte sich auch als Nachfolger und ließ Hindenburg feierlich beisetzen. Im Denkmal der Schlacht von Tannenberg verabschiedete der neue Führer den alten Führer, seinen Steigbügelhalter, nach Walhalla. »Hier inmitten der schlummernden Grenadiere seiner siegreicheren Regimenter soll der müde Feldherr nun seine Ruhe finden. … Das deutsche Volk aber wird zu seinem toten Helden kommen, um sich in Zeiten der Not neue Kraft zu holen für das Leben. Denn wenn selbst die letzte Spur dieses Leibes verwesen sollte, wird der Name noch immer unsterblich sein. Unser Feldherr, geh nun ein in Walhall!«

{Heiner Wember}

19.

1941: Calmeyers Listen

Kein anderer Deutscher rettete mehr Juden

Oskar Schindler, den furchtlosen Judenretter, kennt inzwischen fast jeder. Hans Calmeyer ist den meisten dagegen unbekannt. Ein deutscher Anwalt, der den Krieg in den besetzten Niederlanden erlebte. Dort lief der Ausrottungsapparat der SS so effektiv wie sonst nirgendwo im besetzten Westeuropa. Doch Calmeyer sorgte von seinem Bürostuhl aus dafür, dass mindestens 3000 jüdische Niederländer der Deportation entkamen.

Am 3. März 1941 glaubt Hans Calmeyer noch, dass er Hitlers Krieg entkommen kann. Er bezieht in Den Haag sein neues Büro im prächtigen Binnenhof, dem Sitz des Reichskommissariats für die besetzten Niederlande. Endlich ist der 37-Jährige weg von der Luftwaffe, kein Soldat mehr. »Er hatte das Soldatenspielen gründlich satt; er war von Natur aus durch und durch ein Zivilist«, sagt sein Biograf Peter Niebaum aus Osnabrück.

Calmeyer arbeitet nun im Generalkommissariat für Verwaltung und Justiz. Dort soll er die rechte Hand des Chefs der Hauptabteilung Inneres werden, der Assistent von Dr. Carl Stüler, einem alten Bekannten aus Osnabrücker

Zeiten. »Den hat er im Winter 1940/41 aufgesucht und hat ihn ganz offensichtlich gebeten, er möchte doch versuchen, ihm da irgendwo eine Stelle zu besorgen. Welche das werden würde, das hat er zu dem Zeitpunkt ganz bestimmt nicht gewusst.«

Calmeyer rechnet damit, Fahrräder zu beschlagnahmen, Bezugsscheine auszugeben, Meldeangelegenheiten zu bearbeiten. Er hat ein Ziel: den Krieg überleben. Mit Hitler hat er nichts am Hut, denn er ist eher links orientiert. Er weiß von Anfang an, dass Hitler Krieg bedeutet. Und er ahnt, dass die Judenhetze mehr ist als Nazi-Rhetorik. Nach dem Krieg wird Calmeyer das so formulieren: »Ablesen konnte es jeder, der nicht die Augen zudrückte, dass sämtliche Verordnungen auf die Vernichtung der Juden abzielen müssten. Dass es sich um eine Schraube handelte, die sich immer tiefer einfressen müsste, und dass es in der Logik des nationalsozialistischen Prinzips lag.«

Hans Calmeyer ist ein Mann ohne Angst, ein Mensch mit Selbstvertrauen. Das hat er in seinem gut betuchten Elternhaus in Osnabrück aufgesogen. Der Vater ist Richter, die Mutter stammt aus altem Kaufmannsgeschlecht. Hans ist der jüngste Sohn – und der einzige, der überlebt. Ein Bruder ist bereits als Kleinkind gestorben, die beiden anderen sind 1918 noch kurz vor Kriegsende in Flandern gefallen.

Bleibt nur der jüngste, Mutters Hansemann. Aus ihm wird ein hübscher Hans, einer, der auffällt. Ein Freigeist, der für radikale Ideen schwärmt. Das Jurastudium führt ihn auch nach München. Dort schließt er sich 1923 einem Freikorps an, der »Division Lenz«, und ist beim Hitler-Ludendorff-Putsch mit auf der Straße. Diese rechte »revolutionäre« Eskapade geht schnell vorbei. Calmeyer wendet sich von allem Nationalistischen ab, erst recht von Hitlers Nationalsozialismus.

Calmeyer ist ein schlanker Mann mit markantem Gesicht. Er trägt Fliege, ist wie aus dem Ei gepellt, mit wehendem Talar, rotem, zurückgekämmtem Haar. Der Anwalt liebt Autos und holt sein neues Opel-Cabriolet mit den roten Sitzen persönlich in Rüsselsheim ab. Er liebt die Frauen, und sie lieben ihn. 1930 heiratet er seine Freundin Ruth, auch sie aus gutem Haus, kultiviert, elegant. Es wird keine glückliche Ehe sein, beide schauen auch nach links und rechts, in Holland wird sie nur selten auftauchen, er pflegt dort Kontakte zu anderen jungen Frauen.

Hans Calmeyer ist in Osnabrück als Anwalt eine große Nummer, einer, der auch Kommunisten verteidigt, zum Beispiel die verhafteten Genossen der »Roten Hilfe«. Selbst als Hitlers Griff nach der Macht offenkundig nicht mehr zu stoppen ist, streitet er vor Gericht noch für Kommunisten. Zu einem sagt Calmeyer: »Kommt Hitler an die Macht, stehe ich auf genauso verlorenem Posten wie ihr.«

Tatsächlich verliert er nach der Machtübernahme Hitlers seine Zulassung als Anwalt, bekommt sie im folgenden Jahr aber zurück. In die Partei will er nicht, also fährt er ein Minimalprogramm: Calmeyer tritt in den »Nationalsozialistischen Rechtswahrerbund« ein. Außerdem wird er Mitglied des NSKK, des Nationalsozialistischen Kraftfahrer-Korps. Dort wird allerdings mehr getrunken als gefahren.

Beim Angriff auf die Niederlande ist Calmeyer im Mai 1941 als Soldat einer Luftnachrichtenkompanie dabei. Der »Blitzkrieg« ist schnell gewonnen, es bleiben der Trott und die Langeweile in der Kaserne. Das ist nichts für den schnellen Hans. Er trifft durch Zufall Dr. Stüler aus Osnabrück, der ihm den Job in Den Haag besorgt und sein neuer Chef wird. Stüler ist kein Anti-Nazi, aber einer, der Calmeyer gewähren lässt und froh ist, dass sein neuer Mann sich um die Drecksarbeit kümmern muss.

Als Calmeyer im März 1941 antritt, läuft die Judenverfolgung an. Bevor die jüdischen Niederländer entrechtet werden, will das Reichskommissariat sie lückenlos erfassen. Sie sollen sich melden, und die meisten tun das auch, ohne zu ahnen, dass sie sich damit ausliefern.

Die Nationalsozialisten verfolgen in den Niederlanden zunächst eine für ihre Verhältnisse weiche Linie, denn nach ihrer Rassenideologie sind Holländer blutsverwandte Germanen. Hitler will sie durch eine Art Selbst-Nazifizierung für sich gewinnen. Deshalb bekommen die Niederlande auch keine militärische Besatzung, sondern eine zivile. Reichskommissar für die besetzten Niederlande wird Arthur Seyß-Inquart, ein Österreicher, Jurist wie Calmeyer. Die beiden verstehen sich gut.

Die meisten jüdischen Niederländer übersehen, dass die weiche Linie nicht für sie gilt. Seyß-Inquart betont bei einer Rede in Amsterdam im Frühjahr 1941, die in den Zeitungen abgedruckt wird und im Radio zu hören ist: »Wir wollen das niederländische Volkstum nicht bedrücken und Ihnen unsere Überzeugung aufdrängen. Aber das gilt für das niederländische Volk. Und die Juden werden von uns nicht als ein Bestandteil des niederländischen Volkes angesehen. Wir werden die Juden schlagen, wo wir sie treffen.« Die Zuhörer reagieren mit heftigem Applaus, Deutsche wie Niederländer. Genauso wie ein Jahr später in Amsterdam, als Robert Ley, Reichsleiter der NSDAP und Alkoholiker, düstere Drohungen herausbrüllt: »Der Jude ist die große Gefahr der Menschheit. Und wenn es uns nicht gelingt, ihn auszurotten, dann haben wir den Krieg verloren. Es genügt nicht, ihn irgendwohin zu bringen. Es ist genauso, wie wenn man die Läuse irgendwo in einen Käfig hineinsperren wollte. Sie finden auch einen Ausweg und kommen wieder unten hervor, und auf einmal da jucken sie einen wieder und sind wieder da. Man muss sie vernichten! Man muss sie ausrotten!«

Eine perfekte Erfassung der Juden, viele Kollaborateure und eine obrigkeitshörige niederländische Bürokratie sind eine fatale Kombination, die für die dortigen Juden in einer unfassbaren Katastrophe mündet. 75 Prozent der niederländischen Juden sind bei Kriegsende tot, das ist der mit Abstand höchste Prozentsatz in allen von Deutschland besetzten Ländern Westeuropas.

Hans Calmeyer schafft in diesem mörderischen System eine kleine Rettungsinsel. Der einzige Weg, um massenweise Menschen zu retten, ist, so seltsam das klingt, der Amtsweg. Jurist Hans Calmeyer schlägt die Nationalsozialisten mit ihren eigenen Mitteln. Seine Argumentation ist, wenn man schon genau bürokratisch festlege, wer Jude sei und wer nicht, dann müsse man das auch mit deutscher Gründlichkeit tun. Deshalb errichtet Calmeyer die »Entscheidungsstelle in Zweifelsfällen der Abstammung gemäß der Meldepflichtverordnung VO 6/41«. Es entwickelt sich eine verschworene Fälschungs-Bürokratie.

Im Deutschen Reich ist es für Juden extrem schwierig, etwas gegen ihre Eingruppierung als Voll-, Halb- oder Vierteljuden zu unternehmen. In den Niederlanden geht das, dank Calmeyer, einfacher. Rückendeckung bekommt er ausgerechnet durch Reichskommissar Seyß-Inquart – nicht weil der Juden schonen will, sondern weil er damit der SS eins auswischen kann. Pro forma ist Seyß-Inquart der Stellvertreter des Führers in den Niederlanden. Doch wie überall im Nazi-Reich gibt es ein Kompetenz-Wirrwarr. Vor allem die SS will in Holland mehr Macht. Das bestätigt Mordecai Paldiel, der bis vor einigen Jahren Abteilungsleiter an der Gedenkstätte Yad Vashem in Jerusalem war. »Die SS wollte mehr Kontrolle über die Niederlande, deshalb hat Seyß-Inquart Calmeyer vor der SS beschützt. Nicht ohne sich abzusichern. Seyß-Inquart fragte Calmeyer: ›Sind Sie sicher, dass diese Menschen auf Ihrer Liste wirklich Mischlinge sind?‹ Und Calmeyer sagte: ›Ja, ich bin sicher, sie sind Zweifelsfälle, wir sollten warten.‹ Und Seyß-Inquart sagte: ›Okay, ich gebe Ihnen meine Unterstützung. Aber seien Sie vorsichtig, dass nicht zu viele auf Ihren Listen stehen.‹«

»Calmeyern«, das wird für Tausende niederländische Juden zum letzten Strohhalm, um dem »Judendurchgangslager« Westerbork zu entgehen und damit der Deportation nach Auschwitz. Ruth van Galen war 14, als ihre Familie »gecalmeyert« wurde. Ihre Mutter probierte es 1941 mit der sogenannten »Seitensprung-Arisierung«. Sie gab auf Rat Calmeyers hin eine eidesstattliche Erklärung ab, dass ihre Mutter nicht von ihrem jüdischen Vater schwanger geworden sei, sondern durch den Seitensprung mit einem Arier.

Hans Calmeyer akzeptierte diese windige Erklärung, berichtet Ruth van Galen. »Calmeyer hat dann unterschrieben: ›Kam mir ganz glaubwürdig vor.‹ Und damit hatten wir zwei nichtjüdische Großeltern, und damit waren wir eigentlich gerettet.«

Ruth van Galen lebt heute in Den Haag und hat sich intensiv mit den Calmeyer-Juden beschäftigt. Für sie ist eindeutig, dass Calmeyers Büro dankbar war für gut gefälschte Unterlagen jeglicher Art: »Sie sind auch mit Fotos gekommen, mit Taufscheinen und allen möglichen Dokumenten. Die wurden gefälscht; auch Taufbücher aus den Kirchen wurden auf altem Papier gemacht. Damit haben sie dann gezeigt, dass ihre Eltern außerehelich waren.«

Wo die Aktenlage zu dünn blieb, griff Calmeyer zu einem weiteren Trick. In besonders heiklen Fällen zog er den Kieler Anthropologen Professor Hans Weinert hinzu. Calmeyer wusste, dass der morphiumabhängig war und ständig Geld brauchte. Gegen immense Honorare bescheinigte Weinert fast immer Merkmale, die gegen eine rein jüdische Abstammung sprechen sollten. Bei einer jüdischen Schriftstellerin fand er zwar die Nase auffallend »jüdisch« groß. Aber weil sie keine angeblich typischen jüdischen Plattfüße hatte, befand er auf »Mischling«. Indianisches Erbgut jubelte er ihr auch noch unter. Makabre Spielchen eines Drogenabhängigen, in denen es immer um Menschenleben ging. Nach dem Krieg behielt Weinert übrigens seinen Lehrstuhl in Kiel.

Wie konnte es sein, dass Calmeyer nicht aufflog? Denn um ihn herum wimmelte es von Judenhassern und Kollaborateuren. Sein Biograf Peter Niebaum sagt: »Er hat ein unglaubliches Glück gehabt. Einfach damit, dass er dort Menschen vorfand, die vertrauenswürdig waren, dass er Mitarbeiter fand, die mit ihm eines Sinnes waren. Das sind zum Teil völlig aberwitzige Zufälle.«

Calmeyer bekam einen pensionierten Stadtamtmann aus Linnich bei Aachen zugewiesen: Heinrich Miessen. Ein Parteimitglied, das aber genauso dachte wie Calmeyer und eifrig bei der Judenrettung half. Auch sein Mitarbeiter Dr. Georg Wander war zuverlässig, allerdings etwas übereifrig. Der Jurist Wander pflegte Kontakte zum deutschen kommunistischen Widerstand. Dass Wander als anfällig für »Geschenke« galt, machte ihn aber besonders gefährlich für

Calmeyers Dienststelle. Calmeyer konnte das nicht dulden, der Vorwurf der Bestechlichkeit hätte seiner Dienststelle den Todesstoß versetzt. Calmeyer nahm nie etwas an und mied jeden privaten Kontakt zu jüdischen Niederländern und ihren Anwälten. Deshalb war er froh, dass Wander sich zur Luftwaffe meldete, dann abtauchte und im holländischen Widerstand gegen die Besatzer kämpfte. Kurz vor Kriegsende wurde Georg Wander in Amsterdam bei einer Razzia von der deutschen Feldpolizei erschossen.

Calmeyer ging einen anderen Weg. Dass der oberste SS-Führer in den Niederlanden, Hanns Albin Rauter, ihn duldete, führte Calmeyer auf seinen Exoten-Status zurück: »Rauter hielt mich für einen seltsamen Vogel und eben für einen Narren. Es war nur die Narrenfreiheit, die mir erlaubte, das Rettungsboot, das ich gefunden hatte und zu dem ich weitere Stämme heranzog, dass dieses Boot nicht von dritter Hand, also von der SS, zum Sinken gebracht wurde.«

Ein Rettungsboot, auf dem nicht jeder Platz hatte. Wenn Calmeyer allen Anträgen stattgegeben hätte, wäre seine Rettungs-Bürokratie aufgeflogen. Etwa ein Drittel der Anträge lehnte Calmeyer ab. In solch aussichtslosen Fällen tat er das sogar im NS-Jargon mit einem Ton der Entrüstung. Er wollte nach außen hin suggerieren, dass er ein treuer Staatsdiener war, dem es nur um Korrektheit ging. Dennoch hatten auch die abgelehnten Antragsteller einen Vorteil von den bewusst langwierig hinausgezögerten Verfahren: »Zeit zu gewinnen. Möglichst viel Zeit zu gewinnen«, betont Mordecai Paldiel von der Gedenkstätte Yad Vashem. »Hoffen, dass irgendetwas passiert, dass der Krieg zu Ende ging oder etwas anderes geschah, das Ganze beruhte darauf, Zeit zu gewinnen.« Das half in vielen Fällen, vor allem durch den Kriegsverlauf: »Die Briten bombardierten die Meldebehörde in Den Haag 1943«, so Paldiel. Außerdem bekamen die Verfolgten Zeit, um unterzutauchen, um sich zu verstecken, wie die Familie von Anne Frank. Dazu brauchte man allerdings meist viel Geld. Wer keines hatte, der hatte so gut wie keine Chance zu überleben.

1944 wollte die SS Hans Calmeyer auffliegen lassen; in den Akten der SS ist von einem »Abstammungsschwindel« die Rede. Doch die Front rückte näher, und Calmeyers Rettungsbürokratie konnte bis zum Schluss weiterarbeiten.

Ein hoher Besatzungs-Angestellter sollte Anti-Nazi gewesen sein? Das mochte nach dem Krieg niemand so recht glauben. Deshalb wurde Hans Calmeyer unter harten Umständen interniert, zusammen mit tatsächlichen Kriegsverbrechern in Scheveningen. 17 Monate lang, dann war seine Unschuld erwiesen, und er wurde entlassen.

Calmeyer ging zurück nach Osnabrück und arbeitete wieder als Anwalt, doch sein Elan aus der Zeit vor Hitler war dahin. Statt Opel Cabrio fuhr er nun VW Käfer und schaffte sich einen Dackel an. Er förderte das Kulturleben in seiner Stadt, über den Krieg sprach er wenig. Mit seiner Frau Ruth hatte er vor dem Krieg einen Sohn bekommen. 1953 folgte ein zweiter Sohn – allerdings ein unehelicher. In Calmeyers Kanzlei hatte die Nichte seiner Frau angefangen, Ines Hentschel. Sie wurde nach einigen Jahren heimlicher Liaison von ihm schwanger, es war eine große Liebe. Trotzdem blieb Calmeyer in der Zweckehe mit seiner Frau Ruth. Seine Geliebte zog mit dem gemeinsamen Sohn Michael nach Goslar. Calmeyer besuchte sie dort regelmäßig mit VW und Dackel, später wanderte sie in die USA aus.

Hans Calmeyer blieb ein stiller Held. Kaum jemand in Osnabrück wusste oder wollte wissen, dass er mindestens

3000 Juden gerettet hatte. Sein Biograf Peter Niebaum geht sogar von einer viel größeren Zahl aus. »Man muss berücksichtigen, das haben Yad Vashem und die Niederländer nicht getan, (…) dass in diesen individuellen Fällen in aller Regel nicht nur Einzelpersonen betroffen waren, sondern mit betroffen waren Familien.« Dennoch verfolgten Hans Calmeyer in seinen Träumen eher jene, die er nicht hatte retten können. Er beschrieb das in der niederländischen Zeitung Algemeen Dagblad 1963 so: »Viel zu wenig habe ich getan. Ich meine, man muss den Widerstand, auch meinen, nicht glorifizieren. Ik was geen held.«

1992 ehrte die Gedenkstätte Yad Vashem Hans Calmeyer als einen »Gerechten unter den Völkern«, auch die Stadt Osnabrück verlieh ihm eine hohe Auszeichnung. Da war Hans Calmeyer aber schon lange tot. Der Judenretter starb 1972 mit 69 Jahren an Herzversagen. Bis zum Schluss hatte Hans Calmeyer das bedrückende Gefühl, dass Anti-Nazis oder Judenretter in der Bundesrepublik nicht viel galten: »Man war sehr allein, man vertraute sich rückhaltlos anderen Landsleuten an und fand keinerlei Verständnis dafür.«

{Heiner Wember}

20.

1987: Gaddafi im Sauerland

Das Grüne Buch auf Schlittschuhen

Der Mann schreckte vor nichts zurück: Heinz Weifenbach, Bauunternehmer und seit 1981 Präsident des Eishockey-Bundesligisten ECD Iserlohn. Er verkaufte die billigsten Reihenhäuser der Region, kandidierte erfolglos bei der Kommunalwahl, scheuchte seine Spieler mit dem Fahrrad bis nach Paris und saß am Ende wegen Steuerhinterziehung im Gefängnis. Die Fans im Sauerland liebten ihn. Das örtliche Establishment am Anfang auch.

Durch spektakuläre Neuverpflichtungen und zwielichtige Berater hatte er die graue Maus der Eishockey-Bundesliga 1985 ins Viertel- und 1986 sogar bis ins Halbfinale um die Deutsche Meisterschaft gebracht. Über den 2:0-Sieg im Heimspiel gegen den späteren Meister Köln reden die Fans in Iserlohn noch heute.

Doch dieser Höhepunkt war der Anfang vom Ende. Die Mannschaft war zu teuer, die Halle zu klein, man hatte klamme Sponsoren mit Maßanzügen, aber ohne Spendierhosen, und litt unter Steuerfahndern mit alten Aktentaschen, aber immer neuen Forderungen.

Im Sommer 1987 bringt Weifenbach den gerade ausgeschiedenen Bürgermeister der Nachbarstadt Hemer ins fast aussichtslose Spiel. Hans Meyer heißt der CDU-Politiker, hält aber von Parteipolitik wenig und denkt nach eigenen Angaben nur an das Wohl seiner Stadt. Land und Bund wenden sich regelmäßig ab, wenn Reisediplomat Meyer mit den ersten Vorboten des »wind of change« in Russland, China und im Nahen Osten Geschäfte für die mittelständische Wirtschaft der Region anbahnt – erfolgreich mit der lausbubenhaften Naivität eines damals schon über 70-Jährigen.

Weifenbach und Meyer spielen fortan zusammen und bilden die erste Iserlohner Angriffsreihe gegen den übermächtigen Gegner namens »EC Insolvenz«. Der dritte Mann sitzt im Morgenland, heißt Muammar al-Gaddafi und hat im Leben noch kein Eishockeyspiel gesehen. Der libysche Revolutionsführer unterstützt den internationalen Terrorismus und ist zu dieser Zeit Feindbild Nummer eins der westlichen Welt. Ein Jahr zuvor haben die Amerikaner die libyschen Städte Tripolis und Bengasi bombardiert. Doch das Märchen aus Tausendundeiner Nacht beginnt.

»Die Blöden und das Biest« werden diffamiert und nicht ernst genommen, treffen sich aber regelmäßig im libyschen Beduinenzelt, in dem Gaddafi immer wieder aus seinem Grünen Buch vorliest. Da steht zwar drin, dass westliche Profiklubs »diktatorische und monopolistische Instrumente sind«. Da steht aber auch drin, dass Gaddafi für alle »Gequälten und Unterjochten ein großes Herz hat«. Und als Weifenbach glaubhaft versichern kann, wie sein Klub von Staat und Verband »gequält« wird, sind sich am Ende alle einig und fädeln den verrücktesten Werbevertrag der Sportgeschichte ein, dotiert mit 1,5 Millionen Mark. Offizieller Partner der Sauerländer ist das 1975 gegründete »Weltzentrum zum Studium des Grünen Buches«. Stillschweigen wird in Tripolis vereinbart.

Ende November 1987 verschärft sich die Finanzsituation des Klubs, und es verdichten sich die Gerüchte, dass der ECD Trikotwerbung für das Grüne Buch Gaddafis machen will. Im April 1975, wenige Jahre nach Gaddafis Revolution in Libyen, wurde es erstmals öffentlich präsentiert. Es ist eine Universal-Theorie zu Politik, Wirtschaft und Gesellschaft, ein wirrer, dritter Weg neben Kapitalismus und Kommunismus. Seit 1969 gibt es in Libyen eine Art »Staats-Sozialismus Modell Ägypten« garniert mit pseudodemokratischen Volkskongressen.

Am Freitag, dem 4. Dezember, im Heimspiel gegen Rosenheim, soll das Unglaubliche passieren. Das wird tags zuvor beiläufig bei einer kleinen Pressekonferenz angekündigt. Ein junger Reporter informiert die ARD-Sportschau in Köln und bittet um ein Kamerateam – vorsichtshalber. »Quatsch, unmöglich, Provinzposse«, schallt es aus Köln zurück. Erst als der Reporter verzweifelt androht, das Team notfalls aus eigener Tasche zu bezahlen, kommt Bewegung in die Anstalt. Wo heute bei ähnlicher Brisanz 15 Kameras um die Poleposition rangeln würden, verlieren sich zwei Tage vor dem zweiten Advent ein Fernsehreporter und ein Kamerateam in der zugigen Iserlohner Eissporthalle am Seilersee.

Zuerst sind nur die Spieler überrascht, als »Big Heinz« kurz vor dem Spiel den frisch beflockten Trikotsatz auspackt – zehn Minuten später trauen der Gegner aus Bayern und die knapp 4000 Zuschauer ihren Augen nicht. Das Grüne Buch auf Schlittschuhen mitten im Sauerland. Die Fangemeinde ist gespalten: »Das Öl von Gaddafi nehmen wir doch auch«, sagt der eine. »Mit Verbrechern sollte man keine Geschäfte machen«, sagt der andere ins Mikrofon.

Iserlohn spielt 3:3 unentschieden und gewinnt binnen Stunden zuerst bundesweit und dann weltweit eine große mediale Aufmerksamkeit. Weifenbach und Meyer grinsen und nehmen einen tiefen Zug aus ihren Zigarren. Die Sportschau jubelt über die Exklusivgeschichte, der Bundesinnenminister reagiert äußerst ungehalten, und sofort verbietet der Deutsche Eishockeybund unter Berufung auf die »politische Neutralität des Sports« die Trikotwerbung. Bereits zwei Tage später in Frankfurt spielt der ECD Iserlohn mit den alten Trikots – zum letzten Mal. Drei weitere Tage später wird der Konkurs vermeldet. Wenige Wochen danach wird Heinz Weifenbach wegen des Verdachts der Steuerhinterziehung verhaftet. Den ECD Iserlohn gibt es nicht mehr. Das Trikot mit dem Grünen Buch kommt ins Augsburger Eishockeymuseum.

Hier könnte dieses Kapitel deutscher Sportgeschichte nun zu Ende sein, ist es aber nicht. Heinz Weifenbach, der eigentlich nur spielen will, hat nun kein Spielzeug mehr und ist sauer. Vor und während seiner Untersuchungshaft hat er längst mit dem letzten brauchbaren Eishockeyschläger der Konkursmasse zum Gegenschlag ausgeholt.

Im Juni 1988 wird Weifenbach unter Auflagen freigelassen und lädt wenige Tage später überraschend zu einer Pressekonferenz. Einige Kilos schlanker, aber immer noch mit Zigarre, präsentiert er den nächsten Coup. Wieder ein Werbevertrag, diesmal zwischen der Bundespost und dem »Neuen Verlag für ein besseres Leben«. 300 000 Mark bekommt die Post dafür, dass sie auf 5000 gelben Wagen für diesen Verlag wirbt.

Die Post war alt und brauchte das Geld. Deshalb wurde

der neue Werbepartner nur sehr oberflächlich überprüft. So kann Heinz Weifenbach am 21. Juni 1988 diesmal schon vor ein paar mehr Kameras verschmitzt verkünden: »Das einzige Buch, das der ›Neue Verlag für ein besseres Leben‹ verlegt und verkauft, ist das Grüne Buch des libyschen Revolutionsführers Muammar al-Gaddafi.«

Wieder ein Rauschen und viel Gelächter im Blätterwald. Die Post ist bis auf das Fahrgestell blamiert und löst den Werbevertrag innerhalb von 24 Stunden auf. Weder jetzt noch vorher macht sich kaum jemand die Mühe, das nur rund 140 Seiten lange Werk zu lesen. Das Buch, so grün hinter den Ohren wie die libysche Flagge, spricht auch über Familien- und Stammesfragen, ist nur selten sehr konkret und weitgehend langweilig. Für Gaddafi ist es das so wörtlich »neue Evangelium«. Doch der Kreis der Jünger ist überschaubar. Immerhin, Aufrufe zur Gewalt oder gar Anleitungen zum Bombenbau gibt es darin nicht.

Im selben Jahr wird ein Anschlag auf eine amerikanische Passagiermaschine über Lockerbie verübt, bei dem 270 Menschen ums Leben kommen, dahinter soll der libysche Geheimdienst stecken, so das Urteil mehrerer Gerichte in Schottland. 1999 stimmt Gaddafi endlich der Auslieferung der beiden Hauptverdächtigen zu. Der eine wird in den Niederlanden zu lebenslanger Haft verurteilt, der andere aus Mangel an Beweisen freigesprochen.

Gaddafis späte Einsicht und Kooperation blenden die Welt, plötzlich sind Entspannung und Annährung angesagt. Die hohen Entschädigungen an die Opfer von Lockerbie, die Gaddafi zahlt, helfen dabei. Der Diktator wird salonfähig. Ein großer Irrtum, wie die jüngste Geschichte in Libyen bewiesen hat.

»Big Heinz« wurde im Juni 1993 wegen Steuerhinterziehung zu einer vierjährigen Freiheitsstrafe verurteilt. Eine harte Strafe, vermelden Prozessbeobachter, denn Weifenbach hatte sich nicht persönlich bereichert. Er hatte große Teile der Spielergehälter bar auf die Hand und damit am Fiskus vorbei bezahlt. Beim ECD Iserlohn passierte das regelmäßig im Keller der Geschäftsstelle. Die Spieler betraten einzeln das Untergeschoss und bekamen vom Chef persönlich einen knisternden Händedruck. Damals eine kriminelle, aber verbreitete Praxis im Profisport, die angeblich auch heute noch vereinzelt üblich sein soll.

Eishockeyfan Weifenbach hatte vergebens auf Bewährung gehofft. Der Bauunternehmer ging zuerst in den geschlossenen, dann in den offenen Vollzug, verlor zwar sein Übergewicht, aber auch sein privates Vermögen und seine berufliche Existenz. Er lebt heute gesundheitlich angeschlagen und zurückgezogen im Rheinland. Bürgermeister Meyer starb 2007 im hohen Alter von 93 Jahren.

Heinz Weifenbach und Hans Meyer wollten eigentlich nur spielen, auf ausgesprochen dünnem Eis. Sicher nicht immer regelkonform, auf jeden Fall aber ganz schön naiv.

{Ronald Feisel}

21.

2015: Time out

Der erste Zeitreisende taucht auf

Es ist kurz nach 14 Uhr am Dienstag, als Rolf-Dieter Heuer ein Sicherheitsteam in den Tunnel des Teilchenbeschleunigers schickt. Der Chef des europäischen Forschungszentrums CERN ist sichtlich nervös. Vor wenigen Stunden sind hier – 100 Meter unter der Erde – zwei gegenläufige Protonenstrahlen mit einer Energie kollidiert, die keine Versuchsanordnung zuvor möglich machen konnte. Erste Messdaten belegen, dass dabei Bedingungen entstanden sind, wie sie Bruchteile von Sekunden nach dem Urknall geherrscht haben müssen. Die Welt ist – wie von einigen Kritikern des Experiments befürchtet – nicht untergegangen. Doch dann tauchte auf einer Überwachungskamera des Tunnels das lächelnde Gesicht eines Mannes auf, den kein Mitarbeiter zuvor gesehen hatte. Wie konnte das passieren? Wie konnte ein Unbekannter unbemerkt in den Teilchenbeschleuniger gelangen? Als der Mann auf das Sicherheitskommando des CERN trifft, begrüßt er es mit den Worten: »Welches Datum ist heute?« Als das Team ihrem nüchtern und geordnet wirkenden Gegenüber die Jahreszahl nennt, sagt er: »Schön. Dann komme ich pünktlich zu meiner Geburt!«

Ein Verrückter? Oder wirklich der erste Zeitreisende der Menschheit? Der CERN-Chef verpflichtet sein Team zu absoluter Verschwiegenheit. Obwohl der renommierte deutsche Physiker davon ausgeht, dass Reisen in die Vergangenheit unmöglich sind, weiß er, dass nur die geringste unbedachte Pressenotiz einen wahren Mediensturm entfesseln kann, der nicht zuletzt das CERN in ein unseriöses Licht brächte.

So wird der Mann zunächst unter Ausschluss von jeglicher Öffentlichkeit befragt. Dabei gibt er zu Protokoll, ein französischer Kernphysiker zu sein, der im Jahr 2055 am ersten menschlichen Experiment für Zeitreisen teilgenommen habe. »Erfolgreich!«, wie er sagt. Der Versuch sei ebenfalls im Tunnel des CERN durchgeführt worden, das allerdings in Zukunft unter der Abkürzung EAFC firmieren würde: »European Agency for Chrononautic«. Mehr Einzelheiten zum Aufbau und Prinzip des Experiments dürfe er zunächst nicht preisgeben, schon gar nicht über politische, wirtschaftliche, kulturelle oder sportliche Entwicklungen. Dies verbiete ihm der »Verhaltenskodex für Chrononauten«. Zu wenig kalkulierbar seien die Auswirkungen dieses Zukunftswissens. Dabei verwies er auf den Schmetterlingseffekt aus der Chaostheorie, wonach kleinste Veränderungen in der Vergangenheit extreme Auswirkungen auf die weitere Entwicklung haben können – bis hin zur Nicht-Existenz des Zeitreisenden. Deshalb gebe er auch seine Identität nicht preis, aus Angst, dass seine werdende Mutter noch vor seiner Geburt umgebracht werde. Geben wir dem Besucher aus dem März 2015 deshalb einen fiktiven Namen: Marcel Longtemps.

Bislang waren sich Physiker und Philosophen weltweit einig, dass Zeitreisen allenfalls in die Zukunft möglich sind.

Man muss nur mit annähernder Lichtgeschwindigkeit unseren Planeten verlassen. Dann vergeht im Raumschiff die Zeit weniger schnell als auf der Erde. Das besagt die Spezielle Relativitätstheorie von Albert Einstein. Reisen rückwärts durch die Zeit scheinen ausgeschlossen. Das erste Argument lautete immer: Wenn es möglich wäre, dann wäre in der Geschichte der Menschheit bereits ein Zeitreisender aufgekreuzt. Außerdem verbietet ein besonderes Paradoxon die Möglichkeit der Zeitreise. Stellen Sie sich vor, es klopft eines Tages an Ihrer Tür und eine ältere Version Ihrer selbst überreicht Ihnen ein wundervolles, selbst gemaltes Gemälde. Sie behalten das Bild bis ins hohe Alter, reisen dann mit einer Zeitmaschine und dem Gemälde rückwärts und klopfen an Ihrer früheren Haustür. Wer hat dann das Bild gemalt? Niemand. Es gibt keine kausale Ursache des Gemäldes. Konfrontiert mit diesem Paradoxon, antwortete Marcel Longtemps lapidar, dass nicht alles auf der Welt kausal zu verstehen sei. Der menschliche Verstand sei begrenzt, die Ursache des Urknalls sei ja auch nicht bekannt. Genauso wie die Ursache dafür, dass die Geschichte des Chrononauten trotz strenger Geheimhaltung schnell durchsickerte.

Die Süddeutsche Zeitung hatte die Geschichte zuerst und titelte am 1. April 2015: »Der Unbekannte aus dem Teilchen-Tunnel«. Die Bild-Zeitung zog nach und titelte: »Zeitreisen möglich – Droht jetzt Terror aus der Zukunft?« Und die Frauenzeitschrift Brigitte jubelte: »Erleben Sie Ihre Geburt noch einmal!« Doch weltweit brachen die Börsen ein. Lottoannahmestellen und Wettlokale schlossen aus Angst, dass nun Unbekannte mit Ergebnissen aus der Zukunft Kasse machen könnten. Historiker spekulierten, ob es nun auch möglich werde, nachträglich den Zweiten

Weltkrieg oder andere Katastrophen wie die Anschläge auf das World Trade Center zu verhindern. Was würde das für den Lauf der Geschichte bedeuten? Würden Tote wieder lebendig? Oder würde nur eine Parallelwelt entstehen, in der die Menschen mit dem veränderten Lauf der Dinge weiterleben? Philosophen diskutierten, ob diese Eingriffe moralisch vertretbar wären. Schließlich könnte die Geschichte auch negativ verändert werden. Auch einmal getroffene Handlungen verlören ihren Wert, da sie durch eine Zeitreise wieder revidiert werden könnten.

Unter Physikern aber blieb die Kernfrage umstritten: »Sind Zeitreisen überhaupt möglich?« Es fanden sich tatsächlich einzelne Wissenschaftler mit einer positiven Antwort. Nach der Allgemeinen Relativitätstheorie sei es denkbar, dass es Tunnel in der Raumzeit gäbe. Wenn diese Wurmlöcher Bereiche mit unterschiedlicher Zeit verbinden, wäre eine Reise in die Vergangenheit denkbar. Allerdings seien diese Wurmlöcher instabil. Hätte man eine Materie mit negativer Energiedichte – die sogenannte exotische Materie –, dann könnte man diese Tunnel stabilisieren.

Im CERN suchte man fieberhaft nach der Antwort, wie der Mann unmittelbar nach dem Teilchenexperiment in den Tunnel unter der Erde gelangen konnte. Alle Zugänge von außen waren gesichert. War es möglich, dass durch das Experiment eine Situation entstanden war, die eine Zeitreise erlaubt? Ziel des Versuches an diesem Tag war es, dem sogenannten Hicks-Teilchen auf die Spur zu kommen. Einer Theorie zufolge verleiht dieses Teilchen den anderen erst ihre Masse. Beim Aufprall von Protonen kann es zu Momenten kommen, in denen für Bruchteile von Sekunden kleine schwarze Löcher entstehen. Einer umstrittenen

These zufolge kann man in der Nähe eines schnell rotierenden schwarzen Lochs eine Zeitreise rückwärts machen. In der Zukunft wusste man sicher um die Experimente im CERN im Jahr 2015. Haben die Wissenschaftler der Zukunft diese Versuchsanordnung für ihre Zwecke genutzt?

Als die Diskussion politisch, wissenschaftlich und ethisch am höchsten kochte, verschwand Marcel Longtemps plötzlich genauso wie er erschienen war: unerklärlich. Sicherheitskräfte fanden den Ort, an dem der vermeintliche Chrononaut festgehalten wurde, ohne Spuren von Zerstörung oder Gewalt. Einen Zettel ließ der 40-Jährige zurück: »Wir sehen uns in der Zukunft!« Wollte der Unbekannte die Menschheit zum Narren halten? Oder haben ihn die Wissenschaftler des Jahres 2055 wirklich zurückgeholt? Wollte er einen Anstoß geben, über die Möglichkeit von Zeitreisen nachzudenken? Die Autoren der historischen Radio-Reihe ZeitZeichen jedenfalls zeigten sich erleichtert darüber, dass es bis heute keine Beweise für seine Zeitreise gibt: Wären leibhaftige Ausflüge in vergangene Zeiten für jedermann möglich, würden sie auf der Stelle arbeitslos.

{ Ralph Erdenberger }

Dank

Ein herzliches Dankeschön an alle Menschen, die innerhalb und außerhalb des WDR in den vergangenen 40 Jahren zum Erfolg von Stichtag und ZeitZeichen beigetragen haben: allen heutigen und früheren Autoren und Redakteuren, den Sprechern, den Schauspielern, den O-Ton-Gebern, der Hörfunktechnik, dem Archiv und besonders meinen gegenwärtigen Redaktionskollegen Claudia Beklas, Hildegard Schulte und Michael Rüger.

Auch bei den beiden »Erstlesern« des Buches, meinem Geschichtslehrer Horst Bussiek und meiner Frau, der Journalistin Steffi Tenhaven, möchte ich mich herzlich bedanken.

{Ronald Feisel}

Die Autoren

Maren Gottschalk,

Jahrgang 1962, Studium der Geschichte und Politik, Promotion in Mittelalterlicher Geschichte, seit 1990 freie Autorin für den Hörfunk (WDR, NDR). Schreibt daneben Biografien u.a. über Nelson Mandela, Astrid Lindgren, Frida Kahlo. Mehr unter www.maren-gottschalk.de

Christiane Kopka,

Jahrgang 1958, Studium der Germanistik und Publizistik, anschließend Volontariat und Redakteurin bei der »Westfälischen Rundschau«. Seit 1990 freie Autorin für Hörfunk (WDR, NDR) und Fernsehen (WDR, ARTE). Daneben Arbeiten für Verlage und verschiedene Kultur-Projekte.

Ralph Erdenberger,

Jahrgang 1970, Studium der Journalistik und Psychologie. Seit 1991 freier Hörfunkautor und Moderator, vorwiegend für WDR, NDR. Schreibt außerdem Künstlerbiografien und Wissenshörspiele für Kinder. Ausgezeichnet u.a. mit dem Ernst-Schneider-Preis und dem Axel-Springer-Preis.

Heiner Wember,

Jahrgang 1959, zunächst Bankkaufmann, dann Studium der Geschichte. Promotion über Internierungslager für Nationalsozialisten. Radio- und Fernsehjournalist. Ausgezeichnet mit dem Ernst-Schneider-Preis. Schult Nachwuchs-Journalisten und hält Vorträge zu politisch-historischen Themen. Mehr unter www.heinerwember.de

Ronald Feisel,

Jahrgang 1958, Studium der Journalistik und Politik, Kölner Journalistenschule, Print- und Rundfunk-Volontariat. Seit 2004 Leiter der Redaktion »Stichtag/ZeitZeichen«. Seit 1985 beim WDR als Redakteur, Reporter, Radio- und Fernsehmoderator. Seit 1988 Dozent und Coach in der Aus- und Fortbildung für den WDR, Hochschulen, Journalisten und Sportler. Mehr unter www.ronald-feisel.de

Literatur

1 | Einspruch, Euer Ehren

Aloys Winterling: »Caligula«, C. H. Beck Verlag, München 2003.

Alexander Demandt: »Das Privatleben der römischen Kaiser«, C. H. Beck, München 1996.

Sueton: »Caligula«, in: »Cäsarenleben«, Heller, Stuttgart 1986.

Albert Camus: »Caligula«, in: »Dramen«, Rowohlt Verlag, Hamburg 1959.

2 | Üble Nachrede

Badisches Landesmuseum Karlsruhe: »Das Königreich der Vandalen. Erben des Imperiums in Nordafrika«, Darmstadt 2009.

3 | Ausgegraben und verurteilt

Ferdinand Gregorovius: »Geschichte der Stadt Rom im Mittelalter. Vom V. bis zum XVI. Jahrhundert«, (7 Bände) (erstmals 1859–72), Deutscher Taschenbuch Verlag, München 1988.

Karlheinz Deschner: »Kriminalgeschichte des Christentums. Band 5: 9. und 10. Jahrhundert: Von Ludwig dem Frommen (814) bis zum Tode Ottos III. (1002)«, Rowohlt Verlag, Hamburg 2006.

Peter de Rosa: »Gottes erste Diener. Die dunkle Seite des Papsttums«, Droemer Knaur Verlag, München 2005.

Georg Denzler: »Das Papsttum. Geschichte und Gegenwart«, Beck'sche Reihe, C. H. Beck Verlag, München 1997.
Horst Fuhrmann: »Die Päpste. Von Petrus zu Johannes Paul II.«, C. H. Beck Verlag, München 1998.

4 | Abaelard und Heloisa

Abaelard: »Der Briefwechsel mit Heloisa«, übersetzt von Hans-Wolfgang Krautz, Reclam Verlag, Stuttgart 1989.
Adalbert Podlech: »Abaelard und Heloisa oder Die Theologie der Liebe«, Piper Verlag, München 1990.
Régine Pernoud: »Heloise und Abaelard – Ein Frauenschicksal im Mittelalter«, Deutscher Taschenbuch Verlag, München 1991.

5 | Grausames Stadtrecht

Otto Borst: »Alltagsleben im Mittelalter«, Insel Verlag, Frankfurt a. M. 1983.
Georges Duby: »Die Frau ohne Stimme, Liebe und Ehe im Mittelalter«, Wagenbach Verlag, Berlin 1989.
»Wie ein Mann ein fromm Weib soll machen. Mittelalterliche Lehren über Ehe und Haushalt«, Insel Verlag, Frankfurt a. M. 1984.
Shulamit Shahar: »Die Frau im Mittelalter«, Fischer Verlag, Hamburg 1988.

6 | Schädel in Honig

Bram Stoker: »Dracula«, Insel Verlag, Frankfurt a. M. 1988.
Heiko Haumann: »Dracula. Leben und Legende«, Beck'sche Reihe, C. H. Beck Verlag, München 2011.
Peter M. Kreuter / Reinhard Krüger: »Der Vampirglaube in Südosteuropa. Studien zur Genese, Bedeutung und Funktion. Rumänien und der Balkanraum«, Weidler, Berlin 2001.

7 | Panzer und Streubomben

Stefan Klein: »Da Vincis Vermächtnis. Oder: Wie Leonardo die Welt neu erfand«, S. Fischer Verlag, Frankfurt a. M. 2008.

Charles Nicholl: »Leonardo da Vinci. Eine Biografie«, S. Fischer Verlag, Frankfurt a. M. 2006.

Frank Zöllner: »Leonardo da Vinci. Gesammelte Werke«, Taschen Verlag, Köln 2006.

8 | Schwer verzockt

Anne Goldgar: »Tulipmania. Money, Honor and Knowledge in the Dutch Golden Age«, University of Chicago Press, Chicago und London 2007.

Mike Dash: »Tulpenwahn – Die verrückteste Spekulation der Geschichte«, Ullstein Verlag, Berlin 2005.

Anna Pavord: »Die Tulpe. Eine Kulturgeschichte«, Insel Verlag, Frankfurt am Main/Leipzig 2003.

9 | Satanskult und Erbschaftspulver

Madame de Sévigné: »Briefe«, herausgegeben und übersetzt von Theodora Von der Mühl, Insel Verlag, Frankfurt a. M. 1979.

Saint Simon: »Erinnerungen. Der Hof Ludwigs XIV. und die Régence«, Deutscher Bücherbund, Stuttgart/Hamburg 1969.

Anne Somerset: »The Affair of the Poisons: Murder, Infanticide and Satanism at the court of Louis XIV«, Weidenfeld & Nicolson, London 2003.

Oliver Bernier: »Ludwig XIV.«, Benziger Verlag, Düsseldorf 2003.

Leonhard Horowski: »Das Erbe des Favoriten – Minister, Mätressen und Günstlinge am Hof Ludwigs XIV.«, in: »Der Fall des Günstlings – Hofparteien in Europa vom 13. bis zum 17. Jahrhundert«, hrsg. v. Jan Hirschbiegel und Werner Paravicini, Jan Thorbecke Verlag, Ostfildern 2004.

10 | Dagobert Duck von Sachsen

Karl Czok: »August der Starke und seine Zeit: Kurfürst von Sachsen, König in Polen«, Piper Verlag, München/Zürich 2006.

Katja Doubek: »August der Starke«, Rowohlt Taschenbuch Verlag, Hamburg 2007.

Dirk Syndram/Jutta Kappel/Ulrike Weinhold: »Die barocke Schatzkammer – Das Grüne Gewölbe zu Dresden«, Deutscher Kunstverlag, München/Berlin 2007.

Hermann Schreiber: »August der Starke«, Casimir Catz Verlag, Gernsbach 2000.

Liselotte von der Pfalz: »Briefe«, Hanser Verlag, München 1996.

Wilhelmine von Bayreuth: »Eine preußische Königstochter. Glanz und Elend am Hofe des Soldatenkönigs in den Memoiren der Markgräfin Wilhelmine von Bayreuth«, Insel Verlag, Frankfurt a. M. 1988.

11 | Schwarz und schlau

Walter Sauer: »Von Soliman zu Omofuma. Afrikanische Diaspora in Österreich 17. bis 20. Jahrhundert«, Studien Verlag, Innsbruck 2006.

Peter Martin: »Schwarze Teufel, edle Mohren. Afrikaner in Geschichte und Bewusstsein der Deutschen«, Hamburger Edition, Hamburg 2001.

12 | Der König von Korsika

Alexis Freiherr von Engelhardt: »Der König von Korsika und der Freiheitskampf der Korsen«, Beck'sche Verlagsbuchhandlung, München 1925.

Hans Dietrich Mittorp: »Theodor von Neuhoff – König von Korsika. Ein genialer Taktiker ohne Fortune«, Veröffentlichungen des Heimatbundes Märkischer Kreis, Band 10, hrsg. v. Heimatbund des Märkischen Kreises, Altena 1990.

13 | Revolutionärin im Reifrock

Lottemi Doormann: »Ein Feuer brennt in mir. Die Lebensgeschichte der Olympe de Gouges«, Beltz & Gelberg, Weinheim 1993.

»Ob die Weiber Menschen sind. Geschlechterdebatten um 1800«, Reclam Verlag, Leipzig 1992.

»Die Marseillaise der Weiber«, hrsg. v. Inge Stephan/Sigrid Weigel, Sonderband 185, Argument Verlag, Hamburg 1989.

14 | Sissis Schattenfrau

Georg Markus: »Katharina Schratt. Die heimliche Frau des Kaisers«, Amalthea, Wien/München 1998.

»Fast jede Nacht träume ich von Ihnen. Die Briefe Kaiser Franz Josephs an Katharina Schratt«, hrsg. v. Brigitte Hamann, Piper Verlag, München 2011.

15 | Ein Schuss im Kornfeld

Gunnar Decker: »Vincent van Gogh. Pilgerreise zur Sonne. Eine Biografie«, Matthes & Seitz, Berlin 2009.

Rainer Metzger/Ingo F. Walther: »Van Gogh«, Taschen Verlag, Köln 2008.

16 | Dünger, Dynamit und Zyklon B

Margit Szöllösi-Janze: »Fritz Haber 1868 bis 1934«, C. H. Beck Verlag, München 1998.

Daniel Charles: »Master Mind: The Rise and Fall of Fritz Haber, The Nobel Laureate Who Launched the Age of Chemical Warfare«, Ecco, New York 2005.

17 | Fröhliches Schmugglerleben

Stephanie Zibell/Peter Josef Bahles: »Freistaat Flaschenhals: Historisches und Histörchen aus der Zeit zwischen 1918 und 1923«, Societäts Verlag, Frankfurt 2009.

18 | Fit bis zum Schluss

Wolfram Pyta: »Hindenburg. Herrschaft zwischen Hohenzollern und Hitler«, Siedler Verlag, München 2007.

19 | Calmeyers Listen

Peter Niebaum: »Ein Gerechter unter den Völkern, Hans Calmeyer in seiner Zeit (1903–1972)«, Rasch, Osnabrück 2001.

Joachim Castan / Thomas F. Schneider: »Hans Calmeyer und die Judenrettung in den Niederlanden«, Schriften des Erich Maria Remarque-Archivs, Band 17, Göttingen 2003.

20 | Gaddafi im Sauerland

Muammar al-Gaddafi: »Das Grüne Buch. Die dritte Universaltheorie«, Siegfried Bublies Verlag, Koblenz 1988.

21 | Time out

Erste Veröffentlichung für das Jahr 2016 geplant …

Testen Sie auch Ihr Wissen über die Welt von heute!

Martin Doerry/Markus Verbeet. Wie gut ist Ihre Allgemeinbildung? Geschichte. Der große SPIEGEL-Wissenstest zum Mitmachen. KiWi 1162. Verfügbar auch als eBook

Martin Doerry/Markus Verbeet. Wie gut ist Ihre Allgemeinbildung? Politik & Gesellschaft. Der große SPIEGEL-Wissenstest zum Mitmachen. KiWi 1192. Verfügbar auch als eBook

Martin Doerry/Markus Verbeet. Wie gut ist Ihre Allgemeinbildung? Kultur. Der große SPIEGEL-Wissenstest zum Mitmachen. KiWi 1235. Verfügbar auch als eBook

Martin Doerry/Markus Verbeet. Wie gut ist Ihre Allgemeinbildung? Religion. Der große SPIEGEL-Wissenstest zum Mitmachen. KiWi 1236. Verfügbar auch als eBook

www.kiwi-verlag.de KiWi PAPERBACK